2026年度版

イッキに攻略！
公務員教養試験＆時事
【一問一答】

── 別冊 ──

今年は**これ**が出る！
最 新 時 事

公務員試験専門予備校キャリサポ 著

JN013947

$\boxed{\text{2026年度版}}$

イッキに攻略！ 公務員教養試験＆時事【一問一答】
別冊 今年はこれが出る！最新時事
目　次

第1章　試験に出る！　注目の5大ニュース

第2章 試験に出る！ 重要時事

第 **1** 章

試験に出る!
注目の5大ニュース

1位 フィンランドがNATOに正式加盟　31か国に

【フィンランド政府は2023年4月、NATOに加盟したことを発表した】

同国政府はロシアのウクライナ侵攻を踏まえて、2022年5月にスウェーデンとともにNATOへの加盟を申請。2022年7月5日に加盟国が両国の加盟議定書への署名を行ったのち、議定書の承認手続きが行われた。7月5日のカナダ、アイスランド、ノルウェー、デンマークを皮切りに、2023年3月27日に

NATO加盟でロシアの脅威に対処

※スウェーデンは申請中。
※この他、チェコ、デンマークが含まれます。

ハンガリー、3月30日にトルコが承認を終えたことでフィンランドの加盟が決定。4月4日に31か国目の加盟国となった。

フィンランド政府は、NATOへの加盟はバルト海および北欧地域の安定性と安全保障を強化するものだと評価。また、承認が完了していないスウェーデンについても、可能な限り早期に加盟することが目標だとしている。

【NATOとは？】

北大西洋条約機構（NATO：North Atlantic Treaty Organization）は「集団防衛」「危機管理」及び「協調的安全保障」の3つを中核的任務としており、加盟国の領土及び国民を防衛することが最大の責務である。

加盟国	31か国
設立年	1949年（原加盟国12か国）
本部	ブリュッセル（ベルギー）
事務総長	イェンス・ストルテンベルグ 2014年10月から現職、元ノルウェー首相

●加盟国の変遷

1949年	ベルギー、カナダ、デンマーク、フランス、アイスランド、イタリア、ルクセンブルク、オランダ、ノルウェー、ポルトガル、イギリス、アメリカ
1952年〜90年	トルコ、ギリシャ、ドイツ、スペイン
1999年3月	ポーランド、チェコ、ハンガリー
2004年3月	エストニア、ラトビア、リトアニア、スロバキア、スロベニア、ブルガリア、ルーマニア
2009年4月	アルバニア、クロアチア
2017年6月	モンテネグロ
2020年3月	北マケドニア
2023年4月	フィンランド

●日本とNATOの関係

年	月	出来事	内　容
2022年	4月	林外務大臣（当時）のNATO外相会合出席	● **日本の外務大臣による初めての出席** ● 外相会合においてスピーチを実施。
	6月	岸田総理のNATO首脳会合出席	● **日本の総理大臣による初めての出席** ● ストルテンベルグ事務総長との会談を実施。 ● NATOアジア太平洋パートナー（AP4：日、豪、韓、NZ）首脳会合を初めて実施。
2023年	1月	ストルテンベルグ事務総長訪日	● 岸田総理との会談、共同記者発表、林大臣（当時）との会談を実施。 ● 岸田総理とストルテンベルグ事務総長との間で共同声明を発出。
	4月	林外務大臣（当時）のNATO外相会合出席	● 前年に引き続き2回目となるNATO外相会合のパートナーセッションに出席。 ● ウクライナ支援や、NATO主導の災害救援物資の空輸オペレーションに政府として初めて参加したことについて述べた。
	7月	岸田総理のNATO首脳会合出席	● 2回目となるNATO首脳会合のパートナーセッションに出席。

問題1 北大西洋条約機構（NATO）に関する次の記述のうち、正しいものを1つ選べ。

(1) 設立当初のNATOは、加盟国間の「集団防衛」「危機管理」及び「協調的安全保障」の3つを中核的責務としていたが、冷戦終了後、経済連携を中核とする組織となっている。

(2) ロシアのウクライナ侵攻をきっかけとして、フィンランドとスウェーデンの2国が加盟申請をしていたが、2023年12月現在、両国ともに加盟の実現には至っていない。

(3) ウクライナは、ロシアの侵攻をきっかけとして、フィンランドとスウェーデンに先駆けてNATOへの加盟申請をしていたが、2023年4月に全加盟国の承認を受け、31か国目の加盟国となった。

(4) フランスは、一時NATOの軍事部門から離脱していたが、現在は復帰している。

(5) NATOは、1949年に10か国を構成国として設立され、ベルギーのブリュッセルに本部がある。

解答・解説

(1)× NATOは、設立当初から現在に至るまで、加盟国間の「集団防衛」「危機管理」及び「協調的安全保障」の3つを中核的責務としています。

(2)× 2023年4月、フィンランドはNATOの加盟を果たしましたが、スウェーデンは未加盟のままです。

(3)× ウクライナは、NATOへの加盟申請をしていることは事実ですが、2023年現在、未加盟のままです。2023年4月に31か国目の加盟国となったのはフィンランドです。

(4)○ フランスは、1966年にNATOの軍事部門からの撤退を表明しました。復帰を果たしたのは2009年で、43年ぶりのことです。

(5)× 12か国を加盟国に、1949年に設立されました。本部所在地は本肢のとおりです。

問題2 最近の日本とNATOとの関係に関する次の記述のうち、正しいものを1つ選べ。

(1) 2023年1月、ストルテンベルグNATO事務総長が来日し、岸田内閣総理大臣との会談が行われたが、共同声明の発出には至らなかった。

(2) 2023年3月、わが国は、ロシアによる侵略を受けるウクライナを支援するため、北大西洋条約機構（NATO）のCAP信託基金（ウクライナのための包括的支援パッケージ信託基金）に対して3000万米ドル（日本円で約40億円）を拠出した。

(3) 2023年11月、ベルギー王国の首都ブリュッセルにおいて、前年に続き、日・NATOサイバー対話が開催された。

(4) 2023年4月、ベルギーを訪問中の林芳正外務大臣（当時）は、北大西洋条約機構（NATO）のアジア太平洋パートナー（AP4）である日本、オーストラリア、ニュージーランド及びマレーシアの4か国の代表者とストルテンベルグNATO事務総長との会談に出席した。

(5) 2023年3月、日本政府は、トルコの地震被害に対し、物資輸送のために自衛隊機を派遣する検討を始めたが、自衛隊の海外派遣に反対する意見に配慮し、見送られた。

解答・解説

(1)×　会談が行われた結果、共同声明の発出に至っています。例えば、法の支配をはじめとする共通の価値及び戦略的利益を共有する、日NATO間の協力の深化を再確認しました。

(2)○　これは、2023年3月21日に岸田文雄内閣総理大臣がウクライナを訪問した際に、岸田総理大臣からゼレンスキー大統領に対して表明されたNATOの信託基金を通じた殺傷性のない装備品の供与を実施するためのものです。

(3)×　2023年11月に開催された日・NATOサイバー対話は、第1回目です。

(4)×　AP4（アジア太平洋パートナー）の構成国は、日本、オーストラリア、ニュージーランド、「韓国」の4か国です。

(5)×　本肢の自衛隊機派遣は実施されています。当該輸送は、トルコ政府及びNATOから、NATOパートナー国であるわが国に対して、自衛隊機による輸送協力の要請があったことを受け、NATOと連携して実施する初めての国際緊急援助活動です。

2位 国内の出生数 初めて80万人を下回る

　厚生労働省が2023年6月2日に発表した人口動態統計によると、2022年の日本の出生数は77万747人と1899年の統計開始以来、**初めて80万人を割り込んだ**。また、合計特殊出生率は1.26と**2005年と並んで過去最低を記録**した。

　政府首脳は「わが国の社会機能の維持にもかかわる、待ったなしの先送りできない課題である」と説明した。「子ども未来戦略方針案」においても、2030年代に入るまでのこれから6、7年が少子化傾向を反転できるかどうかのラストチャンスと明記されている。

　政府首脳は「今後3年間を子ども子育て支援の加速化に取り組む集中取り組み期間としている」と説明。その上で「安心して子育てのできる社会の実現を図り、少子化傾向に歯止めをかけたいと考えている」と述べた。

【わが国の人口推移】
　日本の出生数は、第1次ベビーブーム期には約270万人、第2次ベビーブーム期には約200万人を記録。以降は増加と減少を繰り返し、**2016年からは過去最少を更新し続けている**。

　国立社会保障・人口問題研究所が2017年に発表した推計では、**80万人割れとなるのは2033年**としており、想定より11年早く少子化が進んでいることになる。

　出生数が減れば、当然だが労働生産年齢人口（15歳以上65歳未満の人口）の減少予測も前倒しされていくだろう。2000年に約8000万人だった労働生産年齢人口は、**2035年に6500万人、2065年には4500万人**になると言われている。

【原因と対策】
　急速な出生減の主因は**コロナ禍での結婚の減少**である。日本では婚姻数が出生数に直結するため、影響が大きく出た。

　コロナ禍の経済の混乱も妊娠・出産をためらう要因となった。

　一方で、欧米の多くの国はコロナ禍による出生減からすでに回復している。ドイツやフランスなど少子化対策が手厚い国では回復が早い傾向がある。日本も次元の異なる少子化対策が急がれる。

　短期的には出産・育児への支援の充実が欠かせない。厚労省の調査

では、妻が35歳未満で理想の数の子どもを持たない夫婦の77%が「お金がかかりすぎる」ことを理由に挙げた。即時に必要な政策に**25年ごろまでに年間6.1兆円規模を投じる**必要があるといわれている。子どもを産み育てやすい社会に作り替えていくことが大切である。

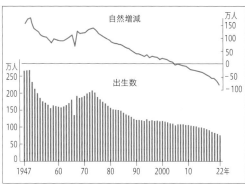

出生数はピーク時の3分の1に減った

出所：厚労省の人口動態統計（22年は速報値）
出典：出生数急減で80万人割れ、主な原因は？
－日本経済新聞（nikkei.com）

【少子化支援金制度】

政府は**2026年度から「少子化支援金制度」を導入すること**を発表した。「異次元の少子化対策」の財源として創設される「支援金制度」は、**医療保険に上乗せして徴収する方針**で、2026年度から2028年度にかけて段階的に金額を引き上げるとしている。

支援金制度では1兆円規模を確保する方針で、**「こども誰でも通園制度」や育児休業給付などに充てること**が検討されている。上乗せして徴収する金額については明示されていないが、月500円程度が見込まれている。

【これも少子化の要因】

2022年の死亡数は156万9050人で、調査開始以来最多となった。**出生数以上の死亡数となっており、これも少子化の要因**となっている。

婚姻数は50万4930組で、前年よりも増加。また、離婚件数は減少した。

しかし、**少子化が進行しているのは、「子どもを産み育てることが難しい社会」**になっていることが要因と言われている。厚生労働省も出生数の減少について「結婚や出産、子育ての希望実現を阻むさまざまな要因が複雑に絡み合っているとみられる。社会や経済の基盤が大きく変わる危機とも言え、関係省庁と連携しながら対策に取り組んでいきたい」としている。

問題1 少子化に関する次の記述のうち、正しいものを1つ選べ。

(1) 厚生労働省が2023年6月2日に発表した人口動態統計によると、2022年の日本の出生数は77万747人と80万人を割り込んだ。これは、統計開始以来2度目のことである。

(2) 2022年の合計特殊出生率は1.26と1899年の統計開始以来過去最低を記録した。

(3) 国立社会保障・人口問題研究所が2017年に発表した推計では、80万人割れとなるのは2025年としており、想定より3年早く少子化が進んでいることになる。

(4) 少子化に伴い、労働生産年齢人口（15歳以上65歳未満の人口）の減少が懸念され、2035年に4500万人になると言われている。

(5) 2023年6月に政府が公表した「子ども未来戦略方針案」においては、「3つの基本理念」として、①若い世代の所得を増やす ②社会全体の構造・意識を変える ③すべてのこども・子育て世帯を切れ目なく支援する を挙げた。

解答・解説

(1)× 1899年の統計開始以来、初めて80万人を割り込みました。

(2)× 2005年と並んだ過去最低を記録しました。

(3)× 80万人割れとなるのは2033年とされており、想定より11年早く少子化が進んでいることになります。

(4)× 2000年に約8000万人だった労働生産年齢人口は、2035年に6500万人、2065年には4500万人になると言われています。

(5)○ そのとおり。

(https://www.cas.go.jp/jp/seisaku/kodomo_mirai/dai6/siryou1.pdf)

問題2 少子化に関する次の記述のうち、正しいものを1つ選べ。

(1) 急速な出生減の主因はコロナ禍での結婚の減少であり、2019年に60万組を超えていた婚姻数は2021年に約50万組に減り、2022年も減少した。

(2) コロナ下の経済の混乱も妊娠・出産をためらう要因になっており、欧米の多くの国もコロナ禍による出生減から回復しているとは言えない。

(3) 2026年度から導入予定の「少子化支援金制度」によれば、支援金は医療保険に上乗せして徴収する方針で、月500円であることが明示された。

(4) 少子化支援金制度では1兆円規模を確保する方針で、親が働いているかどうかに関わらず保育所などを利用できる「こども誰でも通園制度」や育児休業給付などに充てることが検討されている。

(5) 2022年の死亡数は90万人程度で、出生数よりわずかに上回る程度であることから、少子化の要因とまでは言えない。

解答・解説

(1)× 2021年の婚姻数は50万1138組でしたが、2022年は50万4930組と微増となっています。急速な出生減の主因はコロナ禍での結婚の減少である点は正しい。

(2)× 出生数の前年比の減少率は22年で5.1%と、21年の3.4%減より拡大しました。日本は、コロナ禍による出生減の状況から抜け出せていませんが、欧米の多くの国はコロナ禍による出生減からすでに回復しました。ドイツやフランスなど少子化対策が手厚い国では回復が早い傾向があります。

(3)× 「異次元の少子化対策」の財源として創設される「少子化支援金制度」は、医療保険に上乗せして徴収する方針で、上乗せして徴収する金額については明示されていませんが、月500円程度が見込まれています。

(4)○ そのとおり。
（https://www.cfa.go.jp/councils/shienkin-daijinkonwakai/bf32330f-3141/）

(5)× 2022年の死亡数は156万9050人で、前年の143万9856人より12万9194人増加し、調査開始以来最多となりました。出生数の2倍近いので、少子化の要因となっています。

3位 性別変更の要件めぐり、特例法の規定は憲法違反

【事実の概要・下級審の経過】

　生物学的な性別は男性であるが心理的な性別は女性である人（抗告人）が、「性同一性障害者の性別の取扱いの特例に関する法律」（以下「特例法」）３条１項の規定に基づき、性別の取扱いの変更の審判を申し立てた事案である。

　特例法３条１項は、性同一性障害者（２人以上の医師の診断が必要）が一定の要件を満たした場合に、「性別の取扱いの変更の審判」（以下、「性別変更審判」）をすることができると規定している（審判後は変更後の性別に変わったものとみなされる）。

その一定の要件とは、

- ① 18歳以上であること。
- ② 現に婚姻をしていないこと。
- ③ 現に未成年の子がいないこと。
- ④ **生殖腺がないこと又は生殖腺の機能を永続的に欠く状態にあること。（生殖不能要件）**
- ⑤ その身体について他の性別に係る身体の性器に係る部分に近似する外観を備えていること。（外観要件）

である。そして、④に該当するためには、原則として生殖腺除去手術（精巣又は卵巣の摘出術）を受ける必要があると解されている。

　原審（広島高等裁判所岡山支部）は、①〜③の要件は満たしているものの④の要件に該当しないため申立を却下。また④の要件は憲法13条（生命・自由及び幸福追求に対する国民の権利）、14条１項（法の下の平等）に違反していないとした。なお、抗告人の、自身は⑤の要件に該当しており、仮に該当しないとしても⑤は憲法13条、14条１項に違反するとの主張については、原審は判断していない。

　そこで、抗告人は、**④は憲法13条、14条１項に違反し、無効であると主張**した。

【最高裁決定（最大決令5・10・25）の内容】

　最高裁判所大法廷は、**④の規定は憲法13条に違反**するとして原審の決定を破棄し、⑤に関する抗告人の主張についてさらに審理を尽くさせるため、**本件を原審に差し戻した**。なお、⑤の要件も自判すべきとの反対意見３名、補足意見１名の裁判官がおり、④の要件を違憲とす

る点は裁判官15人の全員一致である。

　法廷意見（多数意見）は、「憲法13条は、**自己の意思に反して身体への侵襲を受けない自由**（以下、「身体への侵襲を受けない自由」）を、人格的生存に関わる重要な権利として保障していることは明らかである」とした。

　その上で、生殖腺除去手術を強制されることは、身体への侵襲を受けない自由に対する重大な制約に当たるため、**必要かつ合理的ということができない限り、許されない**とした。

　そして、④の規定が憲法13条に適合するか否かについては、現時点において、**必要かつ合理的なものということはできない**として、違憲とした。

【今後の動向】
　この決定では、⑤の外観要件に抗告人が該当するか、該当しないとしても、そもそも⑤の規定が憲法13条、14条1項に違反するか、について、広島高裁で審理されることになる。したがって、この**最高裁決定で性別変更が認められたわけではない。**

　また、今後の法改正で、生殖不能要件が全くなくなるか、より緩やかな要件として残存するかは、流動的である。

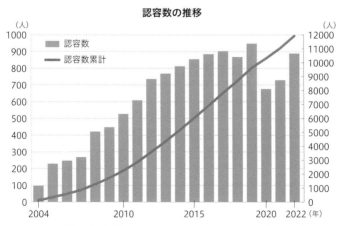

認容数の推移

引用：gid.jp『性同一性障害特例法による性別の取扱いの変更数調査（2022年版）』より

問題1 2023年10月25日に言い渡された、「性同一性障害者の性別の取扱いの特例に関する法律」（以下「特例法」）と、特例法3条1項4号（以下「本件規定」）の合憲性に関する最高裁決定（以下「本件決定」）に関する次の記述のうち、正しいものを1つ選べ。

(1) 特例法に基づき「性別の取扱いの変更の審判」（以下、「性別変更審判」）を申し立てられる「性同一性障害者」に該当するかは、生物学的性別と心理的性別の食い違いについての自認があれば足り、医師の診断による判定を受ける必要はない。

(2) 本件決定は、本件規定の生殖不能要件に該当するために、精巣又は卵巣の摘出術である生殖腺除去手術を強制すること自体は、過剰な制約ではないとしている。

(3) 本件決定において最高裁は、本件規定に基づく生殖腺除去手術により自己の意思に反して身体への侵襲を受けない自由は、憲法13条の精神に照らして尊重される法律上の保護に値する利益にとどまるとした。

(4) 本件決定の原審は、特例法3条1項5号の外観要件（その身体について他の性別に係る身体の性器に係る部分に近似する外観を備えていること）に申立人が該当しているかについては、特に判断していない。

(5) 本件決定において、最高裁判所の15人の裁判官のうち3人の裁判官が、従来の判例通り本件規定は憲法13条に違反せず合憲であると反対意見を述べている。

解答・解説

(1)× 特例法にいう「性同一性障害者」は、その診断を的確に行うために必要な知識及び経験を有する二人以上の医師の、一般に認められている医学的知見に基づき行う診断が一致している必要があります（特例法2条）。

(2)× 本件決定は、本件規定は、治療としては生殖腺除去手術が不要な性同一性障害者に対し、生殖腺除去手術を甘受するか、性別変更を断念するかという過酷な二者択一を迫る過剰な制約を課すものであるとしました。

(3)× 本件決定は、身体への侵襲を受けない自由を、憲法13条の精神に照らして尊重される法律上の保護に値する利益にとどまらず、憲法13条が人格的生存に関わる重要な権利として保障しているとしています。

(4)○ そのとおり。

(5)× 本件決定において3人の裁判官が述べた反対意見は、5号規定の外観要件についても違憲無効とした上で、直ちに性別の取扱いの変更を認める旨の決定をすべきとしたもので、本件規定を合憲とする意見ではありません。

3位 ● 性別変更の要件めぐり、特例法の規定は憲法違反

問題2 2023年10月25日に言い渡された、「性同一性障害者の性別の取扱いの特例に関する法律」（以下「特例法」）3条1項4号（以下「本件規定」）の合憲性に関する最高裁決定（以下「本件決定」）に関する次の記述のうち、正しいものを1つ選べ。

(1) 本件決定は、特例法3条1項5号の外観要件（その身体について他の性別に係る身体の性器に係る部分に近似する外観を備えていること）の規定は合憲だが、申立人はこの要件に該当しているとして、抗告人の性別変更を認めた。

(2) 本件決定は、本件規定が憲法13条に適合するか否かについては、本件規定の目的のために制約が必要とされる程度と、制約される自由の内容及び性質、具体的な制約の態様及び程度等を較量して判断されるとした。

(3) 本件決定では、本件規定をなくした場合、変更前の性別の生殖機能によって子どもが生まれる事態が頻発し社会に混乱が生じかねないが、生殖腺除去手術は身体への強度の侵襲であることから、この混乱は他の手段によって防止すべきであるとした。

(4) 本件決定において最高裁は、諸外国では生殖能力を失っていることを性別変更の要件とする国が大部分ではあるが、本件規定の生殖不能要件は過剰な態様の制約であるとした。

(5) 本件決定は、本件規定の生殖不能要件は、性同一性障害者に対し、不平等な制約を課すものであり、憲法14条1項の法の下の平等の規定にも違反するとした。

解答・解説

(1) ✕ 本件決定では、外観要件に抗告人が該当するか、該当しないとしても外観要件の規定が憲法13条、14条1項に違反するか、については判断せず、広島高裁に差し戻しました。したがって、本件決定で抗告人の性別変更が認められた訳ではありません。

(2) ◯ そのとおり。

(3) ✕ 最高裁は、本件規定のような生殖機能をなくす要件がなかったとしても、親子関係の問題が生じることは極めてまれだと考えられるとしました。

(4) ✕ 最高裁は、諸外国では生殖能力を失っていることを性別変更の要件としない国が増加しており、本件規定のような生殖不能要件は、過剰な制約になっているとしました。

(5) ✕ 本件決定において、最高裁は、本件規定の憲法14条1項適合性については判断を示していません。

第1章 第2章 試験に出る！ 注目の5大ニュース

4位 岸田内閣の経済政策

【新しい資本主義】

　岸田内閣は「新しい資本主義」を掲げ経済政策を推進している。2021年10月15日に「新しい資本主義の実現」のため内閣総理大臣を本部長とする新しい資本主義実現本部の設置を閣議決定した。副本部長は新しい資本主義担当大臣、内閣官房長官が担当し、本部員は他の全ての国務大臣が担当する。また、下部組織として新しい資本主義実現会議が設置され民間有識者らで構成されている。

①新しい資本主義01：構造的賃上げの実現分厚い中間層の形成

　岸田政権では、高水準の賃上げを背景に、この賃上げを持続的・構造的にするため人への投資を強化し、さらに家計所得の増大と、多様な働き方の推進等で生産性を上昇させ、さらなる賃上げを目指す。また少子化対策、こども政策を通じ分厚い中間層を形成するとしている。

　具体的に以下のような内容がある。

- リスキリングにより能力向上支援
- 個々の企業の実態に応じた職能給の導入
- 成長分野への労働移動の円滑化
- 家計所得の増大
- 資産所得倍増プランの推進
- 多様な働き方の促進

②新しい資本主義02：国内投資の活性化

　岸田政権では、的を絞った公的支出を呼び水に民間投資を拡大させ、デフレ経済、コストカット経済から脱却し成長する経済を作り上げることを目指している。

　半導体、蓄電池、データセンター、バイオなどの成長分野を中心に包括的支援を行い、税制・予算面の支援を含めた投資支援パッケージを作ることを目指している。

　具体的に以下のような内容がある。

- GX（グリーン・トランスフォーメーション）の活性化
- スタートアップの育成及び公益活動の推進
- 科学技術・イノベーションの推進
- インバウンドの拡大

③新しい資本主義03：デジタル社会への移行

　岸田政権では、デジタルの活用により、一人ひとりのニーズに合ったサービスを選ぶことができ、多様な幸せが実現できる社会を目指している。また、「誰一人取り残さない、人に優しいデジタル化」を進めるとしている。

　具体的に以下のような内容がある。

- 行政のデジタル化
- マイナンバー制度の活用
- デジタル田園都市国家構想の実現
- AIへの取り組み

【岸田内閣に関わる、経済・財政時事キーワード解説】

- **構造的賃上げ**
　令和5年の春闘では、賃上げ率が大手企業で3.99%と、高水準の賃上げが実施された。

- **防衛費の増額**
　令和元年から令和5年度まで総額27兆4700億円だった防衛費を、令和5年度以降の5年間で総額43兆円に増額するとした。

- **NISA**
　NISAとは、「NISA口座」内で一定金額の範囲内で購入した金融商品の利益が非課税になる制度であるが、2024年から年間投資上限額の増額や非課税保有期間の変更などが行われた。

- **インボイス制度**
　インボイス（適格請求書）とは、売手が買手に対し、正確な適用税率や消費税等を伝える書類やデータであり、売手は、買手から求められたときにはインボイスを交付する必要がある。
　インボイス制度は2023年10月1日より開始された。

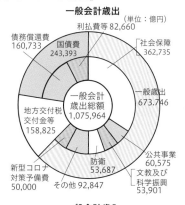

一般会計歳出（単位：億円）

- 利払費等 82,660
- 社会保障 362,735
- 一般歳出 673,746
- 公共事業 60,575
- 文教及び科学振興 53,901
- 防衛 53,687
- その他 92,847
- 新型コロナ対策予備費 50,000
- 地方交付税交付金等 158,825
- 国債費 243,393
- 債務償還費 160,733
- 一般会計歳出総額 1,075,964

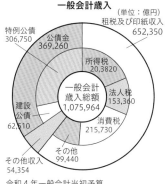

一般会計歳入（単位：億円）

- 租税及び印紙収入 652,350
- 所得税 20,3820
- 法人税 153,360
- 消費税 215,730
- その他 99,440
- 公債金 369,260
- 特例公債 306,750
- 建設公債 62,510
- その他収入 54,354
- 一般会計歳入総額 1,075,964

令和4年一般会計当初予算
（財務省令和4年度予算のポイントより引用）

問題1 以下の記述のうち、正しいものを1つ選べ。

(1) 岸田内閣は経済政策として「新しい民主主義」を掲げ、賃上げや投資意欲の拡大などで成長と分配の好循環を目指している。

(2) 岸田内閣は、新しい資本主義実現会議を設置し、さらに下部組織として新しい資本主義実現本部が設置された。

(3) 人への投資を強化し、リスキリングによる能力向上支援、個々の企業の実態に応じた職務給の導入、成長分野への労働移動の円滑化、の三位一体の労働市場改革を進めている。

(4) 2050年のカーボンニュートラルの実現に向け、今後10年間で、150兆円規模の官民DX投資を目指している。

(5) 岸田内閣は、デジタル技術の活用により、地域の個性を活かしながら、地方を活性化し、持続可能な経済社会を目指す「デジタル田園地方国家構想」の実現を目指している。

解答・解説

(1)× 「新しい民主主義」ではなく、「新しい資本主義」です。岸田総理は2021年自由民主党総裁選挙において「新しい資本主義」を提唱し、2023年『新しい資本主義のグランドデザイン及び実行計画2023改訂版』を出しています。

(2)× 2021年に「新しい資本主義の実現」のため内閣総理大臣を本部長とする新しい資本主義実現本部を設置し、下部組織として新しい資本主義実現会議を設置しました。

(3)○ そのとおり。構造的賃上げを持続的・構造的なものとするため、人への投資を強化し、リスキリング（従業員の再教育）など三位一体の労働市場改革を進めています。

(4)× DX（デジタル・トランスフォーメーション）ではなく、GX（グリーン・トランスフォーメーション）。GXとは、化石燃料ではなくクリーンなエネルギーを活用していくための変革やその実現に向けた活動のこと。

(5)× 「デジタル田園地方国家構想」ではなく、「デジタル田園都市国家構想」。デジタル実装を通じて地方が抱える課題を解決し、誰一人取り残されずすべての人がデジタル化のメリットを享受できる心豊かな暮らしの実現を目指します。

問題2 以下の記述のうち、正しいものを1つ選べ。

(1)「スタートアップ育成5か年計画」に基づき、新たな参入と再チャレンジの障壁を低くし、スタートアップが成長できる環境の整備に取り組んでいる。

(2) 岸田内閣は新しい資本主義として、「構造的賃上げの実現」、「国内投資の活性化」、「デジタル社会への移行」を掲げ、これらは「3本の矢」とも言われている。

(3) 広島AIプロセスでは、DX社会を実現するためAIの開発・利用についての制限を段階的に撤廃し、AIの自由化を進めることを目的としている。

(4) 岸田内閣は、国内投資の活性化を促進するため、2024年からNISA（少額投資非課税制度）の年間投資上限額の縮小を進めており、これらは新NISAと呼ばれている。

(5) 2023年の春闘では、平均賃上げ率3.58％を達成し、30年ぶりの高水準となったが、中小企業の平均賃金はむしろ下がっている。

第1章

第2章

試験に出る！

注目の5大ニュース

解答・解説

(1)○ そのとおり。2022年11月に策定した「スタートアップ育成5か年計画」を策定しスタートアップを支援しています。

(2)× 3本の矢はアベノミクスの経済政策を表したものである。なお「3本の矢」はそれぞれ「大胆な金融政策」、「機動的な財政出動」、「民間投資を喚起する成長戦略」のことです。

(3)× 広島AIプロセスは、急速な発展と普及が国際社会全体の重要な課題となっている生成AIについて議論するために発足され、AIの自由化は謳っていません。

(4)× 2024年から年間投資上限額や、非課税保有期間の無期限化などを進めています。

(5)× 中小企業も約3.2％の平均賃上げ率となっています。

5位 G7広島サミット

【G7広島サミットの参加国等】

　第49回主要国首脳会議（以下、G7広島サミット）は、2023年５月19日〜21日に、広島県広島市において開催された。

　日本が議長国となって**日本で開催されるサミットは今回で７回目で**ある。首脳会議のほか、財務大臣・中央銀行総裁会議（新潟）、外務大臣会合（軽井沢）など、日本各地で関係閣僚会合が開催された。

　参加国は、メンバー国が日本（議長国・岸田文雄首相）、イタリア（メローニ首相）、カナダ（トルドー首相）、フランス（マクロン大統領）、米国（バイデン大統領）、英国（スナク首相）、ドイツ（ショルツ首相）のG7とEU（ミシェル欧州理事会議長、フォンデアライエン欧州委員長）である。

　このほか、招待国として豪州、ブラジル、コモロ（アフリカ連合〈AU〉議長国）、クック諸島（太平洋諸島フォーラム〈PIF〉議長国）、インド（G20議長国）、インドネシア（ASEAN議長国）、韓国、ベトナムの８か国、招待国際機関として国際連合、国際エネルギー機関（IEA）、国際通貨基金（IMF）、経済協力開発機構（OECD）、世界銀行、世界保健機関（WHO）、世界貿易機関（WTO）の７機関が参加し、**ゲスト国としてウクライナが参加し、ゼレンスキー大統領が来日した**。

【G7広島サミットの内容】

　G7広島サミットでは、ウクライナ情勢を念頭に置いた（1）法の支配に基づく国際秩序の堅持と、エネルギー・食料安全保障を含む世界経済や気候変動、保健、開発といった地球規模の課題を念頭に置いた（2）グローバル・サウス※との連携の強化、という２つの視点から、様々な課題について協議した成果として、G7広島首脳コミュニケのほか、ウクライナに関するG7首脳声明など、５つの個別声明が発出されている。

※グローバル・サウス

インドやインドネシア、トルコ、南アフリカといった**南半球に多いアジアやアフリカなどの新興国・途上国の総称**。主に北半球の先進国と対比して使われ、実際に領土が南半球に位置しているかにかかわらず、新興国全般を意味する場合が多い。世界経済における格差などを表現する**「南北問題」の「南」**にあたる。

〈G7広島首脳コミュニケ等に挙げられた主な合意内容〉

①ウクライナ

ロシアによるウクライナ侵略を可能な限り最も強い言葉で非難する「ウクライナに関するG7首脳声明」を発出し、ウクライナ支援を継続し、ロシアの侵略行為を支援する国に警告する。

②核軍縮・不拡散

初のG7首脳による共同文書である「核軍縮に関するG7首脳広島ビジョン」を発出し、核兵器のない世界を目指す方針を確認する。

③インド太平洋

自由で開かれたインド太平洋の重要性を改めて表明する。

④経済的強靱性・経済安全保障

構造的な脆弱性から保護するため、グローバルな経済的強靱性及び経済安全保障を強化する経済政策を推進していく。「経済的強靱性及び経済安全保障に関するG7首脳声明」を採択する。

⑤食料安全保障

「強靱なグローバル食料安全保障に関する広島行動声明」を発出。

⑥デジタル

生成人工知能（AI）に係る議論を年内に行うため、「広島AIプロセス」を立ち上げる。

⑦地域情勢

中国との関係につき、東シナ海及び南シナ海における状況について深刻に懸念し、力又は威圧によるいかなる一方的な現状変更の試みにも強く反対する。台湾海峡の平和と安定の重要性を再確認し、両岸問題の平和的解決を促す。

詳細を知りたい方は、以下を参照しましょう。

G7広島サミット公式サイト

（外務省が運営するG7広島サミット公式サイトです）

https://www.g7hiroshima.go.jp/

【日本で開催された主要国首脳会議】

1979年	東京サミット	2008年	北海道洞爺湖サミット
1986年	東京サミット	2016年	伊勢志摩サミット
1993年	東京サミット	2023年	広島サミット
2000年	九州・沖縄サミット		

予想問題にチャレンジ！

問題1 2023年5月に広島で開催された主要国首脳会議（G7広島サミット）に関する次の記述のうち、正しいものを1つ選べ。

(1) G7広島サミットは、わが国で開催される主要国首脳会議としては2008年の北海道洞爺湖サミット、2016年の伊勢志摩サミットに続き3回目の開催である。

(2) サミットはいわゆるG7を中心とする先進国が世界の諸問題を協議する場であることから、G7広島サミットでも、経済協力開発機構（OECD）非加盟国は招待国となっていない。

(3) 原子爆弾の被爆地である広島で開催されたG7広島サミットでは、核軍縮が重要な課題となり、核軍縮に特に焦点を当てた初のG7首脳文書が発出された。

(4) G7広島サミットには、中国が招待国として招かれていたが、同国の習近平主席は、本人は出席せず、外相を代理として派遣するにとどまった。

(5) ロシアによるウクライナ侵攻の問題解決について、G7広島サミットでは、ロシアとウクライナとの間の講和を促進するため、G7が中立的な立場で仲介する意向を表明した。

解答・解説

(1)× G7広島サミットは、わが国で開催される主要国（先進国）首脳会議としては7回目です。開催地になる議長国は、メンバー国が順番に1年任期で務めます。

(2)× G7広島サミットでは、グローバル・サウスとの連携も重視されており、ブラジル、インド、インドネシアなどOECD非加盟国も招待国となっています。

(3)○ そのとおり。「核軍縮に関するG7首脳広島ビジョン」が発出されました。

(4)× G7広島サミットでは、中国は招待国となっていません。なお、ロシアも招待国となっていません。

(5)× G7広島サミットで発出された個別声明「ウクライナに関するG7首脳声明」では、「我々は、ロシアによる明白な国際連合（国連）憲章違反及びロシアの戦争が世界へ与える影響を最も強い言葉で非難する。」とするなど、ロシアを非難しウクライナを支援する立場を明確に表明しています。

問題2 2023年5月に広島で開催された主要国首脳会議（G7広島サミット）に関する次の記述のうち、正しいものを1つ選べ。

(1) G7広島サミットでは、台湾海峡におけるいわゆる両岸問題に関し、万一の有事の際にはG7が一致して台湾を支持し、国連決議を条件として武力行使への協力も辞さない旨を表明した。

(2) G7広島サミットでは、生成人工知能（AI）に係る議論を年内に行うため、「広島AIプロセス」を立ち上げることや、メタバース等の没入型技術への共通のアプローチを検討するよう関係閣僚に指示するとした。

(3) G7広島サミットではウクライナがゲスト国として招待されたが、ウクライナ情勢の緊迫から、同国のゼレンスキー大統領の来日は実現せず、オンラインで演説するにとどまった。

(4) G7広島サミットでは、気候変動や武力紛争等複合的な要因による食料安全保障については声明が発出されたが、産油国・新興国の事情にも配慮し、クリーン・エネルギー経済に関する声明はされなかった。

(5) G7広島サミットに参加したG7首脳は、広島で平和祈念資料館を訪問し、原爆死没者慰霊碑に献花・植樹を行ったが、米国のバイデン大統領は、米国民感情にも配慮し、原爆死没者慰霊碑への献花・植樹には参加しなかった。

解答・解説

(1)× 「G7広島首脳コミュニケ」では、東シナ海・南シナ海における状況について「我々は、力又は威圧によるいかなる一方的な現状変更の試みにも強く反対する。」としながらも、「我々は、両岸問題の平和的解決を促す。」として、武力行使に言及していません。

(2)○ そのとおり。

(3)× ウクライナのゼレンスキー大統領は、オンライン参加でなく自身が直接来日し、G7広島サミットの一部セッションに参加、岸田首相との首脳会談などの首脳としての活動を直接実施しました。

(4)× クリーン・エネルギー経済についても協議が行われ、個別声明である「G7クリーン・エネルギー経済行動計画」が発出されました。

(5)× G7広島サミットでは、初めてG7首脳が揃って平和祈念資料館を訪問し、原爆死没者慰霊碑に献花・植樹を行いました。米国のバイデン大統領も参加しました。

MEMO

第 **2** 章

試験に出る!
重要時事

1 法律・法改正

予想問題にチャレンジ！

問題　以下の記述のうち、正しいものを1つ選べ。

(1) 2023年に改正された出入国管理及び難民認定法（入管法）では、退去強制手続中の外国人につき、収容せずに監理人の監理の下で退去強制手続を進める措置が創設された。

(2) 2023年の刑法改正では、不同意性交等罪・不同意わいせつ罪について、従来より処罰範囲が拡大されたが、配偶者間でも成立することの明文化は見送られた。

(3) 2023年のマイナンバー法改正では、2024年秋にマイナカードと健康保険証の一本化が義務とされ、一本化したマイナ保険証不所持の場合、保険診療を受けることができない。

(4) 性的指向及びジェンダーアイデンティティの多様性に関する国民の理解の増進に関する法律（LGBT理解増進法）の制定に際し、国民の不安を払拭するため、「全ての国民が安心して生活することができることとなるよう留意する」旨の規定の設置が議論されたが、最終的に見送られた。

(5) 新たに制定されたLGBT理解増進法は、企業に対して、雇用する労働者の理解増進に関して、普及啓発、就業環境の整備、相談の機会の確保などを行う法的義務を課している。

解答・解説

(1)○　そのとおり。

(2)×　「婚姻関係の有無にかかわらず」と規定され、これらの罪が配偶者やパートナー間でも成立することが明文化されました。

(3)×　「行政手続における特定の個人を識別するための番号の利用等に関する法律」（マイナンバー法）改正では、マイナ保険証の普及を推進しますが、不所持者でも「資格確認書」の発行により、保険診療の受診が可能です。

(4)×　同法制定過程の最終盤で、本肢のような留意規定が追加されました（同法12条）。

(5)×　努力義務にとどまります。なお、学校についても、学校設置者が理解増進に努める規定が置かれています。

ここも**要**チェック！

【第211回国会（常会）で成立した主要な法律・法改正】

名　称	趣旨・ポイント
我が国の防衛力の抜本的な強化等のために必要な財源の確保に関する特別措置法	**令和5年度以降における我が国の防衛力の抜本的な強化**等のために必要な財源を確保するため、**財政投融資特別会計財政融資資金勘定からの一般会計への繰入れの特例**に関する特例措置を講ずるとともに、**防衛力強化資金を設置。**
新型インフルエンザ等対策特別措置法及び内閣法の一部を改正する法律	内閣官房に感染症の発生及びまん延の防止に関する施策の総合調整等に関する事務及び新型インフルエンザ等対策本部等に関する事務を所掌する**内閣感染症危機管理統括庁**を設置。
特定受託事業者に係る取引の適正化等に関する法律	個人が事業者として受託した業務に安定的に従事することができる環境を整備するため、特定受託事業者に業務委託をする事業者について、特定受託事業者の給付の内容その他の事項の明示等を義務付ける。
マイナンバー法改正	**マイナンバーカードと健康保険証を一体化（マイナ保険証）。**従来の健康保険証は、2024年12月2日に廃止する。
出入国管理及び難民認定法改正	● 難民認定申請3回目以降の申請者は「相当な理由」が**認められない場合、本国に送還される。** ● 収容に代わる監理人による**監理措置の創設。** ● 難民に準じて保護すべき者に関する補完的保護の創設
性的指向及び性同一性の多様性に関する国民の理解の増進に関する法律（LGBT理解増進法）	● **性的指向およびジェンダーアイデンティティを理由とする不当な差別の禁止。** ● 国と地方自治体は理解増進施策の策定・実施に努める。 ● **事業主・学校設置者の理解増進に努める義務。** ● **全ての国民が安心して生活できるよう留意する。**政府は必要な指針を策定する。
刑法・刑事訴訟法の一部を改正	● 強制わいせつ罪及び準強制わいせつ罪並びに強制性交等罪及び準強制性交等罪をそれぞれ統合した**不同意わいせつ罪及び不同意性交等罪の創設。** ● 13歳以上16歳未満の者に、同意の有無にかかわらず当該者より5歳以上年長の者がわいせつな行為又は性交等をした場合、不同意わいせつ罪又は不同意性交等罪としての処罰を可能とする。 ● 性犯罪につき公訴時効の期間を**5年間延長**し、被害者が18歳未満の場合は18歳に達する日までの期間も加算する。

第1章

第2章

試験に出る！重要時事

2 政治・外交

予想問題にチャレンジ！

問題 以下の記述のうち、正しいものを1つ選べ。

(1) 2023年1月、日本は国連安保理事会の非常任理事国に、2024年末までの任期で就任した。第二次世界大戦の枢軸国であった日本が非常任理事国となるのは初めてである。

(2) 2023年3月〜5月、文化庁は京都に移転したが、東京一極集中是正の趣旨を徹底するため、国会関連業務を除くすべての部署・職員が全面的に移転した。

(3) 2023年4月実施の統一地方選挙では、実施された道府県議会議員選挙、政令市議会議員選挙、政令市以外の市議会議員選挙で、女性当選者が過去最多となった。

(4) 2023年5月、新型コロナウイルス感染症の位置づけが感染症法上の2類から5類に変更された結果、新型コロナ陽性者の外出自粛は継続するが、濃厚接触者の外出自粛は求められなくなった。

(5) 2023年5月、主要7か国首脳会議（G7首脳会議）が広島で開催された。同会議には、招待国8か国、招待国際機関7機関のほか、ゲストとして中国が招かれた。

解答・解説

(1)× 日本が国際連合安全保障理事会の非常任理事国に選任されたのは、1956年の国連加盟以来12回目ですが、これは国連加盟国中最多です。

(2)× 移転の対象となったのは長官をはじめ6つの部署・約390人でしたが、東京での連携が重要とされる7つの部署・約200人の職員は、次長を統括者として東京庁舎に残留しました。

(3)○ そのとおり。実施された41道府県議選の女性当選者316人、17政令市議選の女性当選者237人、政令市を除く市議選の当選者1457人は、いずれも過去最多でした。

(4)× 新型コロナウイルス感染症の位置づけが5類感染症になったことにより、感染症法に基づく、新型コロナ陽性者及び濃厚接触者の外出自粛は求められなくなりました。

(5)× 広島サミットにゲスト国として招かれたのは、ウクライナです。中国は広島サミットの招待国・ゲスト国には含まれていませんでした。

【政治・外交における2023年の主要な出来事】

3月	**岸田首相、ウクライナ電撃訪問** ● 首都・キーウでウクライナのゼレンスキー大統領と首脳会談を行った。 ● ウクライナに殺傷能力のない装備品を支援するため3000万ドルを拠出し、エネルギー分野などでの新たな無償支援として4億7000万ドルを供与する考えを伝えた。 ● 岸田首相は、ロシアによるウクライナ侵攻後、G7首脳で唯一ウクライナを訪問しておらず、5月のG7広島サミット前の訪問にこだわったとされる。
	文化庁が京都に移転し、業務開始 ● 東京一極集中の是正、地方創生等を趣旨とし、明治以来初の中央省庁の移転。 ● 文化庁長官、政策課、文化資源活用課等6つの部署で、全体の7割程度に当たる約390人の職員のうち一部が3月27日から、大半の職員は5月15日までに移転し、業務を開始した。
4月	**こども家庭庁が発足** ● 省庁横断的な「こども政策の司令塔」として、約430人の体制で発足。そのうち1割が民間企業やNPO法人からの採用。 ● 内閣府の外局として設置され、省庁横断的に取り組むべき政策を幅広く企画立案するとともに、着実に実施されるよう総合調整にあたる。 ● 長官官房、成育局（児童手当の支給等の保育行政）、支援局（児童虐待、いじめ、貧困対策等）の3部局からなり、初代長官は、厚生労働省子ども家庭局長などを務めた渡辺由美子氏。 ● 各府省庁に改善を求める「勧告権」が付与されている。
	統一地方選挙 ● 道府県・政令市の首長・議会議員選挙は4月9日、政令市以外の市区町村の首長・議会議員選挙は4月23日に実施。令和改元後初めての統一地方選挙。 ● 奈良県知事選では大阪府以外で初めて日本維新の会の公認候補が県知事に当選した。 ● 女性当選者は、41道府県議選、17政令市議選、政令市を除く市議選でいずれも過去最多。千葉県白井市議会議員選挙では、定数18人に対し女性10人が当選した。
5月	**G7広島サミット** →詳細は「試験に出る！　注目の5大ニュース」（別冊22ページ）を参照。
9月	**第2次岸田再改造内閣発足** ● 12月に一部閣僚の交代が行われた。

3 | 国際会議

予想問題にチャレンジ！

問題 以下の記述のうち、正しいものを1つ選べ。

(1) 2023年5月に開催されたG7広島サミットでは、G7首脳は、ウクライナ問題について厳しい対露制裁と強力なウクライナ支援を継続していくことを確認したが、参加国の意見の相違から、これに関するG7首脳声明の発出は見送られた。

(2) 2023年7月に開催された北大西洋条約機構（NATO）首脳会議は、ロシアのウクライナ侵攻問題が終結した後に、ウクライナのNATO加盟を認めることを明言した。

(3) 2023年8月に開催されたBRICS首脳会議では、2024年よりアルゼンチン、イラン、サウジアラビア等が参加して11か国体制となり、共通通貨を導入することが決定された。

(4) 2023年9月、インドのニューデリーにおいて開催されたG20サミット（金融・世界経済に関する首脳会合）では、アフリカ55か国・地域で構成されるアフリカ連合（AU）を常任メンバーとして迎えることに合意した。

(5) 2023年12月に開催された国連気候変動枠組条約第28回締約国会議（COP28）では、化石燃料脱却の必要を訴える先進国と、難色を示す発展途上国・産油国との意見対立が激しく、化石燃料脱却を進める成果文書は採択されなかった。

解答・解説

(1)× G7首脳は、協議後に「ウクライナに関するG7首脳声明」を発出しました。

(2)× 首脳会議では、ウクライナのNATO加盟につき、「加盟国が同意し、条件が満たされた場合」の実現を確認するにとどめ、明確な道筋は示しませんでした。

(3)× 2024年1月1日から、BRICS首脳会議にアルゼンチン、エジプト、エチオピア、イラン、サウジアラビア、アラブ首長国連邦が参加し11か国体制となることが承認されましたが、BRICS共通通貨の導入は見送られました。

(4)○ そのとおり。

(5)× COP28で採択された化石燃料脱却を進める成果文書は「公正かつ秩序だった公平な方法でエネルギーシステムにおける化石燃料からの脱却を図り、2050年までに（温室ガス排出の）実質ゼロを達成する」としました。

ここも 要 チェック！

【2023年に開催された主要な国際会議】

5月	第49回主要国首脳会議（G7広島サミット）※
	● 5月19日〜21日、広島県広島市で開催。
	● 日本での開催は7回目。
	● メンバー 7か国+EU、招待国8か国、招待国際機関7機関、ゲスト国としてウクライナが参加。
7月	NATO首脳会議
	● 7月11・12日、リトアニアで開催。
	● 日本の岸田首相も首脳会議に招待され出席し、日・NATO間の協力に関する「国別適合パートナーシップ計画（ITPP）」に合意したが、NATO東京事務所の開設決定は見送られた。
9月	第18回G20首脳会合（G20ニューデリー・サミット）
	● 9月9・10日、インドのニューデリーで開催。EUを含む20の加盟国と招待国10か国が参加。
	● 食料安全保障、気候・エネルギー、開発、保健、デジタル等の課題について議論が行われ、議論の総括として、G20ニューデリー首脳宣言が発出された。
	● 中国の習近平主席、ロシアのプーチン大統領は本人は参加せず代理を派遣。
11月	アジア太平洋経済協力会議（APEC）首脳会議
	● 米サンフランシスコで開催。日本を含む21の国と地域が参加。
	● 首脳宣言では、世界貿易機関（WTO）改革推進への支持を表明したが、ロシアによるウクライナ侵攻やガザ情勢等の中東情勢については言及しなかった。
12月	国連総会緊急特別会合がガザ地区の即時の「人道的停戦」を求める決議案採択
	● 186か国中153か国が賛成し、3分の2以上の賛成票を得て採択された。国連総会決議に法的拘束力はない。
	● アメリカとイスラエルを含む10か国が反対。棄権は23か国。
	● これに先立ち、国連安全保障理事会に提出された決議案は、アメリカの拒否権により否決されている。
	● 10月にも国連総会緊急特別会合で、人道的休戦決議案が採択されているが、この際もアメリカとイスラエルは反対している。

※ G7広島サミットについて詳しくは、別冊22ページを参照してください。

4 国際事情

予想問題にチャレンジ！

問題 **2023年の海外の出来事に関する次の記述のうち、妥当なものはどれか。**

(1) 2023年2月20日、バイデン米大統領がウクライナへ電撃訪問した。これは、ロシアのウクライナ侵攻後2度目のことである。

(2) 2023年3月16日、尹錫悦韓国大統領が日本へ初来日を果たし、12年ぶりの「シャトル外交」の再開で一致した。

(3) 2023年6月29日、アメリカの大学が入学選考を行う上で黒人などの人種を考慮している措置の是非をめぐる裁判で、連邦最高裁判所は、当該措置は法の下の平等を定めた憲法に違反せず合憲であるという判断を示した。

(4) 2023年8月22日、カンボジアの国民議会（下院）は、新首相としてセター・タウィーシン氏の就任を承認した。また、新首相の下、新政権の組閣人事（2023～2028年）が発表された。

(5) 2023年10月25日、空席だった米下院議長にケビン・マッカーシー氏が就任した。

解答・解説

(1)× 本肢の訪問は、ロシアのウクライナ侵攻後「はじめて」のことです。会談の中で、バイデン大統領は、5億ドルの追加支援を約束しました。

(2)○ そのとおり。「シャトル外交」とは、首脳同士が相手の国をお互いに訪れることをいいます。

(3)× 本肢の内容について、連邦最高裁判所は、「生徒は人種としてではなく、個人としての経験で評価されなければならない」として、当該措置は法の下の平等を定めた憲法に違反するという判断を示しました。

(4)× カンボジアの新首相は「フン・マネット」氏である。「セター・タウィーシン」氏は、タイの新首相であり、就任日は2023年8月23日です。

(5)× ケビン・マッカーシー氏は「前」下院議長です。新しい下院議長は「マイク・ジョンソン」氏です。なお、マッカーシー氏は、2023年10月3日に下院議長を罷免されましたが、これは「米史上初」のことです。

ここも 要チェック！

【2023年のその他の国際事情】

1月	● フランスで100万人超がデモ＝定年引き上げに抗議
	ひとことメモ
	フランス政府は年金の支給を開始する年齢を64歳に引き上げる年金制度改革案を示している。デモが実施されたが、政府は撤回しなかった。
2月	● トルコ南部でM7.8の地震発生
	ひとことメモ
	日本政府は、国連難民高等弁務官事務所（UNHCR）に170万米ドルの緊急無償資金協力を決定した。
3月	● 習近平国家主席3期目
	ひとことメモ
	国家主席のポストは、2018年に憲法が改正され、2期10年と定めていた任期が撤廃されたことから、国家主席として3期目に入るのは習氏が初めてである。
5月	● 英国チャールズ国王戴冠式　70年ぶり
	ひとことメモ
	チャールズ国王の即位は、2022年9月のことである。戴冠式は君主の頭に王冠を授けるという象徴的な儀式によって、即位したことを国内外に印象づける意味がある。
	● トルコ大統領選　現職エルドアン氏当選
	ひとことメモ
	今回の大統領選で、同氏は28日の決選投票を経て、野党統一候補で経済学者のクルチダルオール氏にかろうじて勝利した。
8月	● 日米韓、首脳・閣僚級協議を毎年開催で合意
	ひとことメモ
	この個別の年次会合の開催義務は3か国が持ち回りし、すべての会合は複数の領域にまたがる3か国の関係強化に重点を置く。また、3か国は財務担当閣僚による初の会合も開催する。
10月	● 北京で中露首脳会談　結束確認
	ひとことメモ
	プーチン大統領は、ロシアのウクライナ侵攻後初めての訪中。
11月	● ラクソン新首相（国民党）が就任　ニュージーランド
	ひとことメモ
	第1党の国民党（中道右派）とACT党（右派）合わせても選挙の結果過半数に至らなかったため、ニュージーランド・ファースト党（中道）も含めた3党連立政権となった。

第1章

第2章

試験に出る！　重要時事

5 財政

予想問題にチャレンジ！

問題　以下の記述のうち、正しいものを1つ選べ。

(1) 令和5年度一般会計当初予算の租税で最も多いのは消費税23.3兆円で、次いで所得税21.0兆円、法人税14.6兆円の順となっている。

(2) 令和5年度一般会計当初予算の歳入のうち「租税及び収入印紙」が57.6兆円で、歳入に占める割合は59.6％で、「公債金」が34.4兆円で、歳入に占める割合は35.6％である。

(3) 令和5年度一般会計当初予算では社会保障関係費、地方交付税交付金等、国債費の3項目で歳出全体の6割を占める。

(4) 令和5年度一般会計当初予算の基礎的財政収支対象経費から地方交付税交付金等を除いた一般歳出は59.6兆円である。

(5) 令和5年度の当初予算における新規国債発行額は、34兆4539億円にのぼり、公債依存は51.3％となり、初めて公債依存度が50％を上回った。

解答・解説

(1)○　そのとおり。現在は消費税が最も多く、次いで所得税、法人税となっています。

(2)×　歳入のうち「租税及び収入印紙」が69.4兆円で、歳入に占める割合は60.7％で、「公債金」が35.6兆円で、歳入に占める割合は31.1％です。

(3)×　社会保障関係費、地方交付税交付金等、国債費の3項目で歳出全体の7割を占めます。

(4)×　基礎的財政収支対象経費から地方交付税交付金等を除いた一般歳出は72.7兆円です。

(5)×　令和5年度の当初予算における新規国債発行額は35兆6230億円にのぼり、公債依存度は31.1％となりました。リーマン・ショック、コロナの時など、過去には公債依存度が50％を上回ったことがあります。

ここも要チェック！

【一般会計税収、歳出総額及び公債発行額の推移】

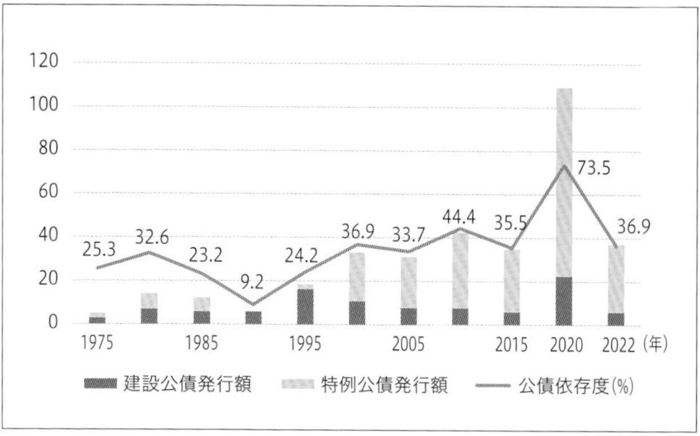
120
100
80
60
40
20
0
25.3
32.6
23.2
9.2
24.2
36.9
33.7
44.4
35.5
73.5
36.9
1975
1985
1995
2005
2015
2020
2022
(年)
建設公債発行額
特例公債発行額
公債依存度(%)

【長期債務残高（単位：兆円）**】**

	1998年	2008年	2018年	2022年
債務残高	390	573	901	1055
対GDP	55%	106%	157%	182%

6 経済

予想問題にチャレンジ！

問題　以下の記述のうち、正しいものを1つ選べ。

(1) 名目GDPは、平成25年度には512.7兆円であり、令和5年度も510兆円程度の額になる見通しである。

(2) 実質GDP成長率は、平成27年度以降、成長率は低いものの一貫してプラスの値となっている。

(3) 消費者物価指数は、総合指数で令和4年度の平均は前年比で1.3%となった。

(4) 完全失業率は、人手不足を背景に一貫して低下し、令和4年度の年平均は2.1%となっている。

(5) 2016年9月には日銀は「イールドカーブ・コントロール」を取り入れ、現在の日銀の金融政策は「長短金利操作付き量的・質的金融緩和」を行っている。

解答・解説

(1)✕　名目GDPは令和2年に減少したものの、他の年度は一貫して増加しています。令和5年度は595兆円（内閣府見通し）となっています。

(2)✕　実質GDPは前回消費税がアップした平成26年度、消費税のアップ、コロナの影響があった令和元年、令和2年にはマイナスとなっています。

(3)✕　消費者物価指数は、令和4年度には＋2.5%（総務省統計局）でした。

(4)✕　令和4年度の完全失業率は2.6%（総務省統計局）です。

(5)○　2016年「イールドカーブ・コントロール」を取り入れ「長短金利操作付き量的・質的金融緩和」を行っています。

ここも 要 チェック！

【経済指標】

	平成25 年度	平成28 年度	令和元 年度	令和2 年度	令和3 年度	令和4 年度 （見込み）
名目GDP成長率	2.7%	0.8%	0.2%	− 3.9%	1.7%	3.6%
名目GDP	512.7 兆円	544.8 兆円	557.3 兆円	535.5 兆円	544.9 兆円	564.6 兆円
完全失業率	3.9%	3.0%	2.3%	2.9%	2.8%	2.3%

【財政指標】

	平成25 年度	平成28 年度	令和元 年度	令和2 年度	令和3 年度	令和4 年度 （政府案）
一般歳出	54.0 兆円	57.8 兆円	62.0 兆円	63.5 兆円	66.9 兆円	67.4 兆円
税収	512.7 兆円	544.8 兆円	557.3 兆円	535.5 兆円	544.9 兆円	564.6 兆円
公債金収入	42.9 兆円	34.4 兆円	32.7 兆円	32.6 兆円	43.6 兆円	36.9 兆円
基礎的財政収支 赤字	23.6 兆円	11.1 兆円	9.5 兆円	9.6 兆円	20.4 兆円	13.0 兆円
公債依存度	46.3%	35.6%	32.2%	31.7%	40.9%	34.3%

7 厚生労働

予想問題にチャレンジ！

問題 最近の厚生労働事情に関する次の記述のうち、正しいものを1つ選べ。

(1) 労働基準法施行規則の改正により、2024年4月1日以降は、労働者を雇い入れる際に交付する労働条件通知書に、就業場所および従事すべき業務の変更の範囲などの事項の記載が努力義務となる。

(2) 子どもが親などから虐待を受けたとして児童相談所が相談を受けて対応した件数は、2022年度、約21万9000件で過去最多となった。

(3) 2023年版の「自殺対策白書」によると、22年の自殺者数は2万1881人で、2年ぶりの減少となった。

(4) 総務省統計局によると、2022年平均の役員を除く雇用者数は5699万人、そのうち、非正規の職員・従業員は2101万人で26万人の減少となった。

(5) 厚生労働省の調査によると、2022年度の育児休業取得率は女性が90％を超えているのに対し、男性が約30％となっている。

解答・解説

(1)× 「努力義務」ではなく「義務」となります。本肢以外の記載事項としては、「更新上限の有無および内容」「無期転換申込権が発生する更新のタイミングごとに、無期転換を申し込むことができる旨」「無期転換申込権が発生する更新のタイミングごとに、無期転換後の労働条件」があります。

(2)○ そのとおり。なお、最も多いのが「心理的虐待（59.1％）」です。

(3)× 2023年版の「自殺対策白書」によると、22年の自殺者数は前年比874人（4.2％）増の2万1881人で、2年ぶりの増加。男性が13年ぶりに増加へ転じ、女性も3年連続で増えました。小中高生の自殺は514人で過去最多となりました。

(4)× 2022年平均の役員を除く雇用者数は5699万人、そのうち、非正規の職員・従業員は2101万人で26万人の増加となりました。男女別にみると、男性は669万人、女性は1432万人となっています。2013年以降の推移を

みると増加傾向でしたが、2020年、2021年に減少となったあと、2022年は増加に転じました。

(5)✕　2022年度の育児休業取得率は女性が80.2％、男性が17.1％となっています。男性の取得率は過去最高で、増加を続けていますが、女性に比べると依然低い割合となっています。

ここも要チェック！

【2023年のその他の厚生労働】

● 新型コロナ　5月8日に5類移行決定

ひとことメモ

正式決定は4月27日。厚生科学審議会（厚労相の諮問機関）の感染症部会を開き、5類移行について了承を得た。

● こども家庭庁発足

ひとことメモ

主な担当業務は、「児童手当の支給」「妊娠から出産・子育てまでの一貫した支援」「保育行政」「児童虐待、いじめ、貧困対策」などである。

● ジェンダー平等　日本146か国中125位に後退

ひとことメモ

政財界のリーダーが集まるダボス会議の主催者・世界経済フォーラムは2006年から、「経済」「教育」「医療へのアクセス」それに「政治参加」の4つの分野で、各国の男女間の格差を調べ、発表している。

● 待機児童数（令和5年4月）2680人（調査開始以来5年連続減少）

ひとことメモ

● 約86.7％の市区町村（1510自治体）で待機児童なし。
● 待機児童数が50人以上の自治体は6自治体まで減少。

● 自殺対策白書において、若者（20〜34歳）の死因1位は「自殺」となっている。また、「ウェルテル効果」についても言及した。

ひとことメモ

ウェルテル効果はドイツの文豪、ゲーテが1774年に発表した代表作「若きウェルテルの悩み」からとられた現象。同書の出版後、主人公をまねて同様の方法で自殺する若者が相次いだことに由来し、報道に影響されて自殺者が増える現象を指す。

● 企業の障害者法定雇用率　令和6年4月から2.5％へ。

ひとことメモ

● 令和6年3月までは「2.3％」、令和8年7月からは「2.7％」となる。
● 厚生労働省が発表した「令和4年　障害者雇用状況の集計結果」によると、民間企業に雇用されている障害者の数は61万3958人で前年より2.7％増加し、過去最高を記録している。
● 障害者の実雇用率は2.25％、法定雇用率達成企業の割合は48.3％となっている。

---

8 科学技術

予想問題にチャレンジ！

問題 2023年の科学技術に関する記述のうち、正しいものを1つ選べ。

(1) 宇宙航空研究開発機構（JAXA）は2023年2月28日、宇宙飛行士候補者として、2名の男性候補者を決定したと公表した。

(2) 2023年3月、宇宙航空研究開発機構（JAXA）は、国産ロケットである「H3」の試験機1号機の発射実験を行い、無事に成功した。

(3) 2023年5月31日、「GX脱炭素電源法」が可決、成立した。これにより、2011年以降、原子力発電所の運転期間を最長60年に制限していたが、これを超えて運転できるようになった。

(4) 2023年9月20日、個人情報保護委員会は、デジタル庁のマイナンバーに関する問題を巡り、デジタル庁に行政指導をするかどうかの審議に入ったが、結局見送られた。

(5) 2023年9月27日、長崎県対馬市長は、「核のごみ」の処分地選定をめぐって、第1段階にあたる「文献調査」を受け入れる意向を表明した。

解答・解説

(1)× 男性2名ではなく、男女各1名です（諏訪理氏、米田あゆ氏）。

(2)× 発射実験は失敗に終わっています。しかし、2024年2月17日に2号機の打ち上げを行い、所定の軌道投入に成功しました。

(3)○ そのとおり。GX（グリーントランスフォーメーション）脱炭素電源法は、原子炉等規制法（炉規法）や電気事業法（電事法）、原子力基本法など5本を一括して改正しました。

(4)× マイナンバーに別人の銀行口座が誤って登録されていた問題を巡り、政府の個人情報保護委員会がデジタル庁に行政指導を行いました。再発防止策の徹底や個人情報の適切な取り扱いを要請などが主な内容です。

(5)× 原子力発電で出る高レベル放射性廃棄物、いわゆる「核のごみ」の処分地選定をめぐって、第1段階にあたる「文献調査」を受け入れるかどうかについて、長崎県対馬市の比田勝尚喜市長は、調査を受け入れない意向を表明しました。なお、この件について、議会は「賛成」の議決をしていますが、最終的な判断権は市長が有しています。

【2023年のその他の科学技術・用語】

3月	● 国産量子コンピュータ初号機(愛称:「叡(えい)」が稼働) **ひとことメモ** 量子コンピュータは、従来のコンピュータでは計算することが難しい、複雑な問題の解決を可能にするものである。 なお、2023年12月20日、大阪大学が国産3号機の稼働を発表した。
8月	● 東京電力福島第1原子力発電所　処理水　海洋放出開始 **ひとことメモ** 1回目の放出開始は2023年8月24日。終了は2023年9月11日。 東電は8月24日に処理水の放出を始め、1日当たりおよそ460トン、計7800トンほどを流した。
重要用語	● レカネマブ =国内製薬大手エーザイと米医薬品大手バイオジェンが共同開発したアルツハイマー病治療薬。 【メリット】 保険適用により、患者の治療だけでなく、家族の介護離職防止や介護ヘルパーらの負担軽減が期待される。 【課題】 効果が期待されるのは初期段階の患者に限られるため、病気を早期に発見する体制の整備などが挙げられる。
	● 広島AIプロセス =文章や画像を自動で作り出す生成AI(人工知能)の国際ルール作りを目指す主要7か国(G7)の枠組み。 【創設の背景】 対話型AI「チャットGPT」などの急速な普及を背景に、2023年5月のG7首脳会議(広島サミット)で創設に合意した。 【その他】 欧州が規制を重視する一方、米国は活用を優先するなど、G7の間にも温度差がある中、日本は議長国として議論を主導してきた。

9 災害対策

予想問題にチャレンジ！

問題1 次の記述のうち、正しいものを1つ選べ。

(1) 岸田首相は、北陸の観光業を支援するため、1泊3万円を上限に旅行代金を割り引く「北陸応援割」の実施を表明した。

(2) 岸田首相は、能登半島地震への対応を強化するため、2024年1月24日の閉会中審査において、2023年度予算から総額47億円規模の予備費使用を決める方針を明らかにした。

(3) 林官房長官は2024年1月24日の記者会見で、能登半島地震の被災者支援に関し、住宅が全半壊した世帯に支給する「被災者生活再建支援金」の増額に積極的な姿勢を示した。

(4) 馳石川県知事は、2024年1月23日の記者会見において、仮設住宅約3,000戸を着工し、3月末までに、約1300戸で入居可能になるとの見通しを明らかにした。

(5) 斉藤国土交通相は、2024年1月23日の記者会見において、大きな被害を受けた石川県が管理する道路の修繕について、石川県が行う復旧工事への資金援助を表明した。

解答・解説

(1)× 「北陸応援割」は、石川など4県を対象に1泊2万円を上限に旅行代金を割り引くものです。

(2)× 2024年1月24日の衆院予算委員会の閉会中審査では、1500億円の支出をする方針を岸田首相が明らかにしました。

(3)× 林官房長官は、「被災者生活再建支援金」の増額には消極な姿勢を示しました。その理由として、「過去の災害被災者との公平性の確保という課題もある」としています。

(4)○ そのとおり。馳知事よると、「1〜3月に輪島市、珠洲市、七尾市、能登町、穴水町で月計1000戸ずつ建設を始める。1月は60戸で入居できるようになる」とのことです。また、仮設住宅だけでなく、公営住宅も合わせると1万3000戸の提供を行うとのことです。

(5)× 斉藤国土交通相は記者会見で、能登半島地震で大きな被害を受けた能越自動車道などについて、管理する石川県に代わって国が復旧工事を行うと発表しました。

予想問題にチャレンジ！

問題2　以下の記述のうち、正しいものを1つ選べ。

(1) 能登半島地震復興のため、岸田首相は1月4日の記者会見にて各国の救助隊の受け入れを行うことを表明した。

(2) 松本総務相は2024年1月22日、能登半島地震によって発生した災害廃棄物を自治体が処理する際の地方負担分のうち、50％を地方交付税で措置する方針を表明した。

(3) 県知事の要請がなければ、自衛隊の災害派遣を行うことはできない。

(4) 石川県珠洲市と能登町の公立中学の生徒が、2024年1月21日、学習機会確保のため、金沢市内へ集団避難を行った。

(5) 北陸電力は2024年1月12日、能登半島地震で被害を受けた志賀原発（石川県志賀町）の外部電源を完全復旧するまでに「最低でも1年ほどかかる可能性がある」との見通しを示した。

解答・解説

(1)×　1月4日の記者会見では被災地の状況等を考慮し、人的・物的支援については「一律に現時点では受け入れていない」と説明しました。

(2)×　地方交付税で措置するのは、95％です。

(3)×　原則県知事の要請が必要ですが、緊急で要請を待つ時間がないときは、要請がなくとも部隊を派遣することができます。（自衛隊法83条第2項ただし書き）

(4)○　そのとおり。滞在は最長3月末までを想定しているとのことです。

(5)×　外部電源の完全復旧までに「最低でも半年かかる可能性がある」との見通しを示しました。

10 白書

予想問題にチャレンジ！

問題1　男女共同参画白書（令和5年版）に関する次の記述のうち、正しいものを1つ選べ。

(1) 平成14年〜令和4年における女性の就業率は、25〜34歳、35〜44歳、45〜54歳のいずれの年齢階級においても上昇傾向にあるが、令和4年における非正規雇用割合は、すべての年齢階級において50％を超えている。

(2) 女性の就業継続意識について、「子供ができても、ずっと職業を続ける方がよい」か、「子供が大きくなったら再び職業を持つ方がよい」かでは、年齢階級の低い方が「子供ができても、ずっと職業を続ける方がよい」と考える傾向がある。

(3) 生活の中の時間増減希望について、子供がいる20〜39歳の世帯では、女性は家事・育児時間を減らしたいと思い、男性は、仕事時間を減らし、家事・育児時間を増やしたいと思う傾向にある。

(4) 20代、30代、40代、50代、60代の男女が、20代の時点で「この仕事を長く続けたいと思っている・いた」かについて、「当てはまる」「どちらかといえば当てはまる」と回答した割合は、男女とも若い年代ほど小さくなっている。

(5) 家事・育児等への考え方として、「自分が率先してするべきことである」と回答した割合の同年代における男女の差異は、若い世代ほど縮小するものの、20代でも10ポイントを上回る男女差がある。

解答・解説

(1)✕　令和4年における女性の非正規雇用割合は、25〜34歳で31.4％、35〜44歳で48.4％、45〜54歳で54.9％と、**25〜34歳・35〜44歳の年齢階層で50％を下回っています**。前半の女性の就業率が上昇傾向であるとする点は妥当です。

(2)✕　令和元年における女性の就業継続に関する意識調査において、「子供ができても、ずっと職業を続ける方がよい」との回答は、20〜29歳で57.7％、30〜39歳で68.4％、40〜49歳で73.7％となっており、**年齢階級が高い方が**、「子供ができても、ずっと職業を続ける方がよい」と考える傾向があります。

(3)○ そのとおり。

(4)× 本肢は男性には妥当です（「当てはまる」「どちらかといえば当てはまる」の合計は20代55.1%、30代57.7%、40代60.8%、50代64.7%、60代69.8%）。しかし、女性では、20代50%、30代48.8%、40代48.2%、50代46.5%、60代42.7%で、**女性については当てはまりません**（令和4年度内閣府委託調査）。

(5)× 家事・育児等を「自分が率先してするべきことである」と回答した割合の同年代における男女差は、20代0.3ポイント、30代2.2ポイント、40代7.4ポイント、50代12.8ポイント、60代16.9ポイントと、**20代ではほとんど差異が見られません**（令和4年度内閣府委託調査）。

予想問題にチャレンジ！

問題2 厚生労働白書（令和5年版）に関する次の記述のうち、正しいものを1つ選べ。

(1) 2022（令和4）年の総人口は約1億2495万人であるが、2070（令和52）年には、総人口が8000万人を割り込むと推計されている。

(2) 2020年の1世帯当たり人員は、2.21人であり、「世帯人員1人」の世帯が38.0%と最も多くなっている。

(3) 男性の各年代の人口に占める単独世帯者数の割合は、2020（令和2）年では30歳代が32.6%と最も高く、2040（令和22）年でも同世代が30.8%と最も高いと見込まれる。

(4) 2015年と2045年を比べると、15歳から64歳人口は、ほぼすべての市区町村で減少し、65歳以上人口は、約6割の市区町村で増加する。

(5) 2022年の自殺者数の総数は前年より減少した。

解答・解説

(1)× わが国の人口は、2008（平成20）年の1億2808万人をピークに減少に転じました。令和5年版厚生労働白書によると、2070（令和52）年には約30%減少し、総人口が9000万人を割り込むと推計されています。

(2)○ そのとおり。

(3)× 30歳代ではなく、20歳代が最も高いというデータが出ています。

(4)× 65歳以上人口は、約4割の市区町村で増加すると予想されています（「日本の地域別将来推計人口（平成30年推計）」による）。

(5)× 自殺者数は、2022（令和4）年には、総数（21881人）は、前年から874人（4.2%）増加し、男性は13年ぶりの増加、女性は3年連続の増加となっています。また、小中高生の自殺者数は514人と過去最多となっています。

イッキに攻略！

公務員 教養試験＆時事

一問一答

公務員試験専門予備校キャリサポ 著

高橋書店

はじめに

本書は、公務員試験の教養試験において、覚えておくべき重要な内容を、一問一答形式で効率的に復習・確認できる問題集です。

教養試験の分野は、難易度は高くないものの範囲が広いため、限られた学習期間の中でいかに効率的に知識を習得し、反復学習を行うかが重要となってきます。

そこで本書は、社会科学・人文科学・自然科学といった一般知識だけでなく、教養試験で大きなウエートを占める数的推理・判断推理の問題をピックアップし、とくに頻出の問題には「よく出る」マークをつけ、効率的にアウトプットできるようにしました。

さらに、各科目の最後には重要事項をコンパクトに解説した「見て覚える！ まとめノート」を掲載しています。

そのため、［大卒程度試験］を受験される方であれば、試験直前の総復習や苦手範囲の確認にもおすすめです。［高卒程度試験］であれば、一般教養試験に必要な知識のインプット・アウトプットを効率的に行うことができます。

また本試験では、基礎的知識だけでなく時事と絡めた問題が出題されることも多々ありますが、こちらも限られた時間内で対策するのはなかなか大変です。

そこで、「別冊」として、出題されそうな時事の解説とその予想問題を収録しました。こちらを使うことで、時事問題も手軽に対策可能です。

本書が皆様の合格の一助になれれば幸いです。

公務員試験専門予備校キャリサポ

本書の特長と使い方

本書は、アウトプットを重視した一問一答形式の問題集です。
一肢一肢を見抜く力が養える**〇×問題**と、知識の整理に役立つ
穴埋め問題で構成されています。

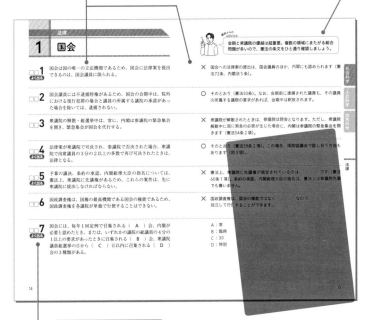

一問一答

> 左ページに問題、右ページに解答と解説を掲載。
> 付属の赤シートを使って、すき間時間にサクサク
> 勉強できます。

「よく出る」マーク

最新の出題傾向を徹底分析し、
とくに頻出のものにアイコンをつけました。

講師からのadvice

出題傾向や頻出キーワード、学習する上での
アドバイスなどをつぶやいています。

見て覚える！まとめノート

時短につながる事柄は、図解や表などを
使って効率よく覚えましょう。

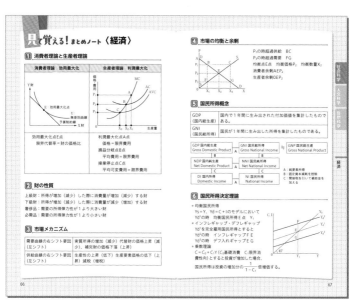

5

目　次

はじめに

本書の特長と使い方

第 1 章　社会科学

【法律】

【政治】

第 2 章　人文科学

第 3 章　自然科学

第 6 章　資料解釈

執筆講師陣

間舎　敦彦

川井　太郎

吉川　長利

星　　文彦

佐藤　　翔

本文デザイン

もんまゆきえ

本文イラスト

イノウエリエ

第 **1** 章

社会科学

1 国会

1 よく出る
国会は国の唯一の立法機関であるため、国会に法律案を提出できるのは、国会議員に限られる。

2
国会議員には不逮捕特権があるため、国会の会期中は、院外における現行犯罪の場合と議員の所属する議院の承諾があった場合を除いては、逮捕されない。

3
衆議院の解散・総選挙中は、常に、内閣は参議院の緊急集会を開き、緊急集会が国会を代行する。

4 よく出る
法律案が衆議院で可決され、参議院で否決された場合、衆議院で出席議員の3分の2以上の多数で再び可決されたときは、法律となる。

5 よく出る
予算の議決、条約の承認、内閣総理大臣の指名については、憲法上、衆議院に先議権があるため、これらの案件は、先に衆議院に提出しなければならない。

6
国政調査権は、国権の最高機関である国会の権能であるため、国政調査権を各議院が単独で行使することはできない。

7 よく出る
国会には、毎年1回定例で召集される（ **A** ）会、内閣が必要と認めたとき、または、いずれかの議院の総議員の4分の1以上の要求があったときに召集される（ **B** ）会、衆議院議員総選挙の日から（ **C** ）日以内に召集される（ **D** ）会の3種類がある。

講師からの
advice

会期と衆議院の優越は超重要。複数の領域にまたがる総合問題が多いので、憲法の条文をひと通り確認しましょう。

✕ 国会への法律案の提出は、国会議員のほか、内閣にも認められます（憲法72条、内閣法5条）。

◯ そのとおり（憲法50条）。なお、会期前に逮捕された議員も、その議員の所属する議院の要求があれば、会期中は釈放されます。

✕ 衆議院が解散されたときは、参議院は閉会となります。ただし、衆議院解散中に国に緊急の必要が生じた場合に、内閣は参議院の緊急集会を開きます（憲法54条2項）。

◯ そのとおり（憲法59条2項）。この場合、両院協議会で話し合う方法もあります（同3項）。

✕ 憲法上、衆議院に先議権が規定されているのは、予算のみです（憲法60条1項）。条約の承認、内閣総理大臣の指名は、憲法上は参議院先議でも構いません。

✕ 国政調査権は、国会の権能ではなく議院の権能なので、各議院が別々に独立して行使することができます。

A：常
B：臨時
C：30
D：特別

社会科学

人文科学

自然科学

法律

2 内閣

□□ 1 よく出る
内閣の長である内閣総理大臣は、衆議院議員の中から国会の議決により指名及び任命されると、憲法に明文で規定されている。

□□ 2
国務大臣の過半数は、国会議員の中から選ばれなければならない。

□□ 3 よく出る
行政権は内閣に属するため、すべての国務大臣は、主任の大臣として行政事務を分担管理しなければならない。

□□ 4
内閣は予算を作成して国会に提出するが、財政民主主義の観点から、国会議員にも予算の作成・提出権が認められている。

□□ 5 よく出る
内閣は、憲法・法律の規定を実施するために、政令を制定できるが、政令には特に法律の委任がなくても、罰則を設けることができる。

□□ 6
国務大臣は、犯罪を犯していても、その在任中は、内閣総理大臣の同意がなければ訴追されない。

□□ 7 よく出る
憲法上、内閣が総辞職しなければならないのは、（　A　）が欠けた場合、衆議院議員総選挙の後に初めて（　B　）の召集があった場合、及び、（　C　）で内閣不信任案が可決され（　D　）日以内に（　C　）が（　E　）されなかった場合である。

講師からの
advice
内閣の権能は、憲法73条以外にもあちこちに規定されて
いるので、まとめて覚えよう。

社会科学

人文科学

自然科学

法律

✗ 内閣総理大臣は、国会議員の中から国会の議決により指名され（憲法
67条1項）、国会の指名に基づき天皇により任命されます（6条1項）。
指名を受けた実例はありませんが、憲法上は、参議院議員も指名の対象
に含まれます。

○ そのとおり（憲法68条1項）。半数未満であれば、国会議員以外から任
命することも可能です。

✗ 国務大臣は、基本的には主任の大臣として行政事務を分担管理しますが、
行政事務を分担管理しない大臣（無任所大臣）の存在も認められます（内
閣法3条2項）。例 内閣官房長官、内閣府の特命担当大臣

✗ 法律案とは異なり、予算の作成・提出権は内閣のみに認められ（憲法
73条5号および86条）、国会議員には認められていません。

✗ 内閣が制定する命令である政令に罰則を設定するためには、特に法律の
委任が必要となります（憲法73条6号ただし書）。例えば、「（○○法）
第〜条に基づく政令には、必要な罰則を設けることができる。」といっ
た法律の規定が必要です。

○ そのとおり（憲法75条）。その代わり、国務大臣の在任中はその犯罪の
公訴時効が停止します。

A：内閣総理大臣
B：国会
C：衆議院
D：10
E：解散

17

3 司法

□□ **1**
司法権は裁判所のみに与えられており、立法権及び行政権から独立している。また、特別裁判所の設置は禁止されている。

□□ **2** よく出る
最高裁判所の裁判官は全て内閣が任命するが、下級裁判所の裁判官は最高裁判所が任命する。

□□ **3** よく出る
最高裁判所の裁判官は、国民審査によってのみ罷免され、下級裁判所の裁判官のように心身の故障による執務不能の裁判（分限裁判）や、公の弾劾（弾劾裁判）により罷免されることはない。

□□ **4** よく出る
憲法の規定する違憲審査制は、司法権の行使に付随して、事件（訴訟）を解決するのに必要な限度で違憲審査権が行使される付随的違憲審査制であり、下級裁判所も違憲審査権を行使できる。

□□ **5** よく出る
司法への民意反映のため、刑事事件と民事事件の第一審から第三審までの各審理に、一般国民から選ばれた裁判員が参加することとなっている。

□□ **6**
憲法81条は、違憲審査の対象を、（　A　）、（　B　）又は（　C　）と規定しているが、条約も違憲審査の対象となり得るとするのが判例である。

□□ **7**
裁判は、原則として同一事件について3回裁判を受けられる三審制を採用しており、第一審判決を不服として上級の裁判所に上訴することを（　A　）、この第二審判決を不服としてさらに上訴することを（　B　）という。

裁判所の組織や違憲審査権に関する条文がよく問われます。近年は裁判員制度も頻出！

○ そのとおり（憲法76条1・2項）。特別裁判所とは、明治憲法下での、皇族についての皇室裁判所や軍人についての軍法会議などがこれにあたります。ちなみに「憲法は、行政機関が裁判を行うことを禁止している」というひっかけもよく出ます。憲法が禁止しているのは、「終審（最後の審判）としての裁判を行政機関が行うこと」です。

× 最高裁判所の長たる裁判官は、内閣の指名に基づき天皇が任命します（憲法6条2項）。また、下級裁判所の裁判官は、最高裁判所の指名した者の名簿によって、内閣が任命します（同80条）。

× 下級裁判所の裁判官だけでなく、最高裁判所の裁判官も分限裁判や弾劾裁判の対象となります（憲法78条）。一方、国民審査の対象となるのは最高裁判所の裁判官のみです（同79条）。

○ そのとおり。付随的違憲審査制はアメリカ、カナダ、インド、日本などで採用されています。また、違憲立法審査権はすべての裁判所が持っている権能です。

× 2009年に始まった裁判員制度では、一般国民から選ばれた裁判員が裁判官とともに裁判に参加するのは、重大な刑事事件の第一審のみです。

A：法律
B：命令
C：処分
※順不同

A：控訴
B：上告
地方裁判所が第一審の場合、高等裁判所に控訴、最高裁判所に上告しますが、軽微な事件で簡易裁判所が第一審の場合、地方裁判所に控訴、高等裁判所に上告します。

社会科学

人文科学

自然科学

法律

4 地方自治

□□ **1** 大日本帝国憲法に地方自治の規定はなかったが、戦前から知事は住民の直接選挙によって選ばれていた。

□□ **2** よく出る
地方自治の本旨は、住民自治と団体自治の二つの要素からなり、団体自治とは、地方公共団体の運営に住民が参加し、自治を行うことをいう。

□□ **3** 地方公共団体は、自治立法権を有し、自治事務だけでなく法定受託事務についても、法令に違反しない限りにおいて条例を制定することができる。

□□ **4** よく出る
住民の直接請求では、議会の解散請求や首長、議員の解職請求は認められているが、選挙で選出されない副知事・副市長等の主要公務員の解職請求は認められていない。

□□ **5** よく出る
地方公共団体の長と議会の議員は、ともに住民から直接選ばれた対等の関係であることから、長には議会の解散権はないが、議会の決定に対する拒否権は認められている。

□□ **6** 地方自治法上の地方公共団体は、都道府県、市町村からなる（ **A** ）地方公共団体と、特別地方公共団体に分類される。特別地方公共団体には、都の区である（ **B** ）、市町村の一部の区域にある財産を管理する（ **C** ）と、地方公共団体の（ **D** ）がある。

□□ **7** よく出る
直接請求には当該地方公共団体の有権者の一定数の連署を要する。例えば、条例の制定・改廃請求は有権者の（ **A** ）の1以上の署名が、議会の解散請求や首長の解職請求には、有権者の原則（ **B** ）の1以上の署名が必要である。請求先は、条例の制定・改廃請求は地方公共団体の（ **C** ）であり、議会の解散請求、首長の解職請求は（ **D** ）である。

講師からの
advice
　直接請求や長と議会の関係など、地方自治法レベルの基本事項が出題されやすい。

✕　戦前の府県知事は、内務省の官吏が中央政府から知事として派遣される官選知事でした。

✕　問題文は住民自治の説明です。団体自治とは、地方公共団体が国から自立して地域の行政を行うことをいいます。

◯　そのとおり（憲法94条、地方自治法14条１項）。

✕　地方自治法上の住民の直接請求権には、主要公務員の解職請求も規定されています。なお、問題文の請求のほか、条例の制定・改廃請求や事務の監査請求が認められています。

✕　地方自治法では、長と議会は対等であるが、議会は長に対し不信任決議権をもち、長は議会に対して拒否権や解散権をもつという、大統領制と議院内閣制の折衷的な制度が採用されています。

A：普通
B：特別区
C：財産区
D：組合

A：50
B：3
C：長
D：選挙管理委員会

社会科学

人文科学

自然科学

法律

5 基本的人権（歴史・総論）

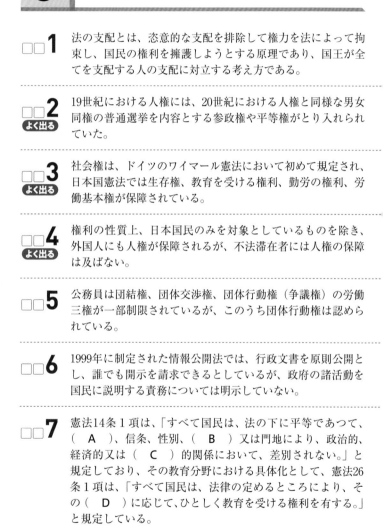

□□ **1** 法の支配とは、恣意的な支配を排除して権力を法によって拘束し、国民の権利を擁護しようとする原理であり、国王が全てを支配する人の支配に対立する考え方である。

□□ **2** よく出る 19世紀における人権には、20世紀における人権と同様な男女同権の普通選挙を内容とする参政権や平等権がとり入れられていた。

□□ **3** よく出る 社会権は、ドイツのワイマール憲法において初めて規定され、日本国憲法では生存権、教育を受ける権利、勤労の権利、労働基本権が保障されている。

□□ **4** よく出る 権利の性質上、日本国民のみを対象としているものを除き、外国人にも人権が保障されるが、不法滞在者には人権の保障は及ばない。

□□ **5** 公務員は団結権、団体交渉権、団体行動権（争議権）の労働三権が一部制限されているが、このうち団体行動権は認められている。

□□ **6** 1999年に制定された情報公開法では、行政文書を原則公開とし、誰でも開示を請求できるとしているが、政府の諸活動を国民に説明する責務については明示していない。

□□ **7** 憲法14条1項は、「すべて国民は、法の下に平等であつて、（ **A** ）、信条、性別、（ **B** ）又は門地により、政治的、経済的又は（ **C** ）的関係において、差別されない。」と規定しており、その教育分野における具体化として、憲法26条1項は、「すべて国民は、法律の定めるところにより、その（ **D** ）に応じて、ひとしく教育を受ける権利を有する。」と規定している。

教養試験では、海外も含めた人権の歴史・分類が中心です。
人権総論に関する細かい判例はあまり出題されません。

○ そのとおり。法の支配はイギリスで発達した考え方で、国民の権利擁護
  と密接な関係を持つ法原理です。

× 参政権自体は19世紀半ばに人権として認識されましたが、男女平等の
  普通選挙が世界で初めて認められたのは、1919年のワイマール憲法下
  のドイツです。

○ そのとおり（憲法25条〜28条）。

× 判例は、人たることにより当然享有する人権は、不法入国者といえども
  これを有するとしています。したがって、不法滞在者にも人権の保障は
  及びます。

× 公務員はその地位の特殊性、職務の公共性等を根拠に労働三権に制限が
  あり、職務の性質によって制限の程度に違いはありますが、共通して、
  公務員の団体行動権（争議権）は否定されています。

× 情報公開法（行政機関の保有する情報の公開に関する法律）1条では、
  「政府の諸活動を国民に説明する責務」を明示しています。なお、情報
  公開法は「知る権利」を明記していません。

    A：人種
    B：社会的身分
    C：社会
    D：能力

□□ 1
よく出る
信教の自由とは、人の内面における信仰の自由を保障するもので、宗教的行為など対外活動の自由はこれに含まれない。

□□ 2
憲法は外国へ移住する自由を保障しているが、国籍を離脱する自由までは保障していない。

□□ 3
よく出る
憲法25条1項は、すべての国民に生存権を保障しているが、これは直接個々の国民に対して具体的な権利を付与したものであると最高裁判所は判示している。

□□ 4
近代憲法において、個人の財産権は絶対不可侵のものと考えられているため、憲法に規定されている財産権の保障に制限を加えることは許されない。

□□ 5
よく出る
憲法26条2項は、義務教育は無償とすると規定しているが、これは授業料の無償を意味しており、教科書代の無償までは憲法が保障するものではないとするのが判例である。

□□ 6
集会の自由は、民主主義の根幹として広く保障されており、集会に対して公共の建物や土地の使用に制限を加えることは認められない。

□□ 7
よく出る
国務請求権とは、国民が自己のために国家に作為を求める権利であり、(**A**)権とも呼ばれる。憲法上、請願権、(**B**)を受ける権利、国家賠償請求権、(**C**)権の4つが規定されていると一般に解されている。

講師からの advice

日本国憲法の中で最も多くの条文を割いて書かれているの
が「基本的人権」についてです。条文ごと覚えるのが◎。

✕ 信教の自由（憲法20条）には、内心の信仰の自由のほか、宗教的行為
の自由や宗教的結社の自由といった、外部的活動を伴うものも含まれる
と一般に解されています。

✕ 憲法22条 2 項は、外国に移住し、又は国籍を離脱する自由を規定して
います。したがって、国籍を離脱する自由も憲法上保障されています。

✕ 生存権の法的性格について、最高裁判例は、「すべての国民が健康で文
化的な最低限度の生活を営み得るように国政を運営すべきことを国の責
務として宣言したにとどまり直接個々の国民に対して具体的権利を賦与
したものではない」としました（最大判昭42.5.24：朝日訴訟）。

✕ 憲法29条 2 項は、財産権の内容は「公共の福祉に適合」するように法
律で定めるとしており、公共の福祉による財産権の制約が憲法上認めら
れています。また、同条 3 項は、正当な補償の下で、私有財産を公共の
ために用いることができると規定しています。

◯ そのとおり（最判大昭39.2.26：教科書費国庫負担請求事件）。

✕ 集会の自由（憲法21条）も、公共施設の管理権や土地所有者の所有権
との関係で一定の制約を受けることがあります。例えば、公共施設であ
る市民会館の使用不許可処分について、厳格な基準を用いて判断しなが
らも違憲ではないとした判例（最判平7.3.7：泉佐野市民会館事件）が
あります。

A：受益
B：裁判
C：刑事補償請求

7 憲法の基本原理

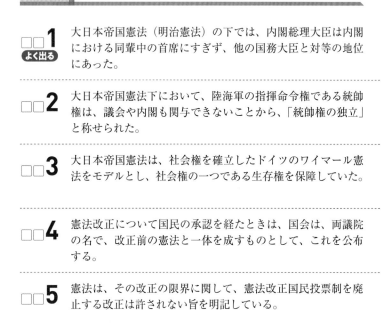

□□1 **よく出る**
大日本帝国憲法（明治憲法）の下では、内閣総理大臣は内閣における同輩中の首席にすぎず、他の国務大臣と対等の地位にあった。

□□2
大日本帝国憲法下において、陸海軍の指揮命令権である統帥権は、議会や内閣も関与できないことから、「統帥権の独立」と称せられた。

□□3
大日本帝国憲法は、社会権を確立したドイツのワイマール憲法をモデルとし、社会権の一つである生存権を保障していた。

□□4
憲法改正について国民の承認を経たときは、国会は、両議院の名で、改正前の憲法と一体を成すものとして、これを公布する。

□□5
憲法は、その改正の限界に関して、憲法改正国民投票制を廃止する改正は許されない旨を明記している。

□□6 **よく出る**
憲法改正手続について、憲法96条１項は、「この憲法の改正は、各議院の（　A　）の３分の２以上の賛成で、国会が、これを（　B　）し、国民に提案してその承認を経なければならない。この承認には、特別の国民投票（略）において、（　C　）の賛成を必要とする。」と規定する。

□□7 **よく出る**
憲法の基本原理につき、前文は、「日本国民は、（略）諸国民との協和による成果と、わが国全土にわたつて（　A　）のもたらす恵沢を確保し、政府の行為によつて再び（　B　）が起ることのないやうにすることを決意し、ここに（　C　）が（　D　）に存することを宣言し、この憲法を確定する。」と規定する。

講師からの
advice

「大日本帝国憲法と日本国憲法の比較」「日本国憲法の三大原則」「憲法改正」が試験で狙われやすい。

○ そのとおり。戦前、内閣は憲法上の制度ではありませんでした。さらに、各国務大臣が天皇に助言する単独輔弼のため、内閣総理大臣は他の国務大臣と対等であり、同輩中の首席にすぎないとされました。

○ そのとおり（明治憲法11条）。陸海軍の統帥権は、議会や内閣から独立して天皇に直属していました。

✕ 大日本帝国憲法に生存権の規定はありません。大日本帝国憲法は、1889年に公布、翌年施行されており、初めて明文で社会権を規定したワイマール憲法の公布・施行（1919年）より先です。

✕ 憲法改正を公布するのは天皇です（憲法96条2項、7条1号）。96条2項は、憲法改正について「国民の承認を経たときは、天皇は、国民の名で、この憲法と一体を成すものとして、これを公布する」と規定しています。

✕ 憲法改正には限界があり、基本的人権の尊重、平和主義、国民主権といった基本原理に反する改正や、憲法改正国民投票制の廃止は許されないとされています（憲法改正限界説）。しかし、憲法改正国民投票制の廃止は許されない旨の明文規定はありません。

A：総議員
B：発議
C：過半数

A：自由
B：戦争の惨禍
C：主権
D：国民

見て覚える！まとめノート〈法律〉

1 日本国憲法の基本的人権の分類

包括的基本権	プライバシー権などの新しい人権（13条）		
法の下の平等	法の下の平等（14条） 両性の本質的平等（24条） 参政権の平等（44条）		
自由権	精神的自由権		思想・良心の自由（19条） 信教の自由（20条） 表現の自由（21条） 集会・結社の自由（21条） 学問の自由（23条）
	経済的自由権		職業選択の自由（22条） 居住・移転の自由（22条） 外国移住・国籍離脱の自由（22条） 財産権（29条）
	人身の自由		奴隷的拘束及び苦役の禁止（18条） 法定手続の保障（31条） 被疑者の人権（33条〜36条） 刑事被告人の人権（37条〜39条）
国務請求権 （受益権）	請願権（16条） 国家賠償請求権（17条） 裁判を受ける権利（32条） 刑事補償請求権（40条）		
参政権	公務員の選定・罷免権（15条） 選挙権・被選挙権（15条・44条） 最高裁判所裁判官の国民審査権（79条） 憲法改正の国民投票権（96条）		
社会権	生存権（25条） 教育を受ける権利（26条） 勤労の権利（27条） 労働基本権（28条）		

2 議決面における衆議院の優越

● 法律案の議決（59条）

衆議院　参議院

＝可決　＝否決・修正 → ①衆議院で出席議員の3分の2以上で再可決 → 法律

②両院協議会で協議 → 成案を各院で議決 → 法律

＝60日以内に議決しない → 衆議院は参議院が否決したとみなせる

● 予算の議決（60条）・条約の承認（61条）

※憲法上衆議院が先議権を持つのは予算のみ

衆議院　参議院

＝議決　＝否決・修正 → 両院協議会で協議不成立 → 衆議院の議決が国会の議決

＝30日以内に議決しない　　　　→　　　　衆議院の議決が国会の議決

● 内閣総理大臣の指名（67条）

衆議院　参議院

＝議決　＝否決・修正 → 両院協議会で協議不成立 → 衆議院の議決が国会の議決

＝10日以内に議決しない　　　　→　　　　衆議院の議決が国会の議決

3 地方公共団体の住民の直接請求権

請求の種類	必要署名数	請求先	効果
条例の制定・改廃	有権者の50分の1以上	長	長が意見を付して議会に付議（議会に制定・改廃義務なし）
事務の監査	同上	監査委員	監査委員が監査し結果を通知・公表
議会の解散	原則有権者の3分の1以上	選挙管理委員会	住民投票を実施しその過半数の同意で解散
長・議員の解職	同上※1	同上	住民投票を実施しその過半数の同意で失職※2
主要公務員の解職	同上	長	議会の議員の3分の2以上が出席し、その4分の3以上の同意で失職

※1　議員の解職請求は、当該議員の所属選挙区の有権者の3分の1以上
※2　議員については、当該議員の所属選挙区の住民投票の過半数

1 国家観と政治思想

□□1
よく出る
夜警国家という名称は、国家の機能を国防や治安維持等の最小限の機能にとどめようとする国家観を指し、アダム・スミスが名づけたものである。

□□2
福祉国家の指標のひとつとして、委任立法が増加したことが挙げられる。このため、福祉国家は立法国家とも呼ばれている。

□□3
『法の精神』を著し、国家権力を立法権と執行権の2つに分ける権力分立を唱えたのは、モンテスキューである。

□□4
よく出る
ホッブズは著作『リヴァイアサン』において、人間は「万人の万人に対する闘争」から平和に生存できるようにするため、社会契約により自然権の全部を統治者に委譲したものと主張した。

□□5
よく出る
ロックは『統治二論』を著し、人間が生来有する権利を保障するためにこれを統治者に信託する社会契約を結ぶが、統治者が権力を濫用した場合にも市民が抵抗する抵抗権（革命権）は認められない、と唱えた。

□□6
よく出る
ルソーは、『社会契約論』を著し、人間が契約で一つの共同体（国家）を作り、公共の利益の実現をめざす一般意志を人民が担うことで本当の自由と平等が実現できるとした。

□□7
社会契約説の思想家は、国家が成立する以前の状態を（　A　）と呼び、そこでは（　B　）が存在し、各個人に生まれながらに（　C　）が備わっているとした。しかし、（　A　）で生じた問題を解決するために、人民が社会契約を結び、政治社会を形成すると説いた。

講師からの
advice

国家観の変遷と社会契約説が重要事項です。社会契約説は、思想家・著作・キーワードをセットで暗記！

✕ 国家の働きを必要最小限にとどめるのがよいとする19世紀の国家観を「夜警国家」と批判的に名づけたのは、ドイツの社会主義者ラッサールです。夜警国家の意味は妥当です。

✕ 福祉国家は行政国家とも呼ばれます。20世紀に登場した福祉国家は、国民の生存権を積極的に保障し、その福祉の増進を図るような国家であるため行政機構の役割が拡大する傾向があります。

✕ 国家権力を立法権と執行権の2つに分ける権力分立を唱えたのは、ロックです。モンテスキューは『法の精神』（1748年）において、国家権力を立法権、行政権（執行権）、司法権（裁判権）の3つに分け、相互に抑制・均衡を図る権力分立論を主張しました。

○ そのとおり。ホッブズの社会契約説は、絶対王政を結果的に擁護したと批判されています。「ホッブズ」「リヴァイアサン」「万人の万人に対する闘争」「社会契約説」はセットで押さえましょう。

政治

✕ ロックは、政府は社会契約に基づいて人民から自然権の一部を信託されており、政府による統治が不当なものであった場合は、人民は抵抗権（革命権）を行使できると主張しました。

○ そのとおり。ルソーは直接民主制を主張したとされています。

A：自然状態
B：自然法
C：自然権

2 主要国の政治制度

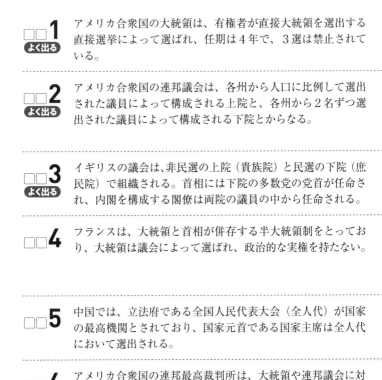

□□ **1** **よく出る**
アメリカ合衆国の大統領は、有権者が直接大統領を選出する直接選挙によって選ばれ、任期は4年で、3選は禁止されている。

□□ **2** **よく出る**
アメリカ合衆国の連邦議会は、各州から人口に比例して選出された議員によって構成される上院と、各州から2名ずつ選出された議員によって構成される下院とからなる。

□□ **3** **よく出る**
イギリスの議会は、非民選の上院（貴族院）と民選の下院（庶民院）で組織される。首相には下院の多数党の党首が任命され、内閣を構成する閣僚は両院の議員の中から任命される。

□□ **4**
フランスは、大統領と首相が併存する半大統領制をとっており、大統領は議会によって選ばれ、政治的な実権を持たない。

□□ **5**
中国では、立法府である全国人民代表大会（全人代）が国家の最高機関とされており、国家元首である国家主席は全人代において選出される。

□□ **6** **よく出る**
アメリカ合衆国の連邦最高裁判所は、大統領や連邦議会に対して強い独立性を有しており、違憲立法審査権を有することが、連邦憲法上明文で規定されている。

□□ **7**
アメリカ合衆国の大統領は、連邦議会に直接法律案を提出することができるとともに、連邦議会が可決した法案に対する拒否権も有している。

講師からの **advice**

とくにアメリカの大統領選挙は頻出です。イギリスのシャドー・キャビネット（影の内閣）も押さえておきましょう。

✕ アメリカの大統領は、有権者が州ごとの選挙で各党の選挙人を選出し、その選挙人が大統領を選出する間接選挙によって選ばれます。他の点は妥当です。

✕ 上院と下院の説明が逆です。上院（定数100、任期 6 年）は人口に関係なく各州から 2 人ずつ選ばれます。一方、下院（定数435、任期 2 年）は各州に人口比で議員数が割り当てられています。ちなみに、2 年ごとに行われる選挙では、上院が約 3 分の 1 、下院が全員改選となります。

◯ そのとおり。閣僚全員が国会議員である点は、日本と異なります。

✕ フランスの大統領は国民からの直接選挙で選ばれ、下院解散権や首相任免権など政治的な実権を持っているのが特徴です。大統領に大きな権限があるにもかかわらず、議院内閣制の枠組みを取っていることから「半大統領制」と呼ばれています。

◯ そのとおり。ちなみに、国家主席の任期は 1 期 5 年連続 2 期までとされていましたが、2018年の憲法改正により、再選回数の制限が撤廃されました。

✕ 連邦最高裁判所は、1803年のマーベリ対マディソン事件判決以降、判例法を根拠として違憲立法審査権を有していますが、連邦憲法に明文規定はありません。

✕ 大統領は、連邦議会に直接法律案を提出することはできません。議会に教書を送って法律の制定を要請します。なお「大統領は、連邦議会が可決した法案に反対の場合、拒否権を行使できる」という点は妥当です。大統領が拒否した法案を、上下両院が再び 3 分の 2 以上の多数で再可決すると、法律となります。

政治

3 選挙制度

1 *よく出る*
小選挙区制とは、1選挙区から1名の議員を選出するもので、その特徴は、二大政党制に移行しやすく、かつ死票が少なくなる点にある。

2 *よく出る*
比例代表制とは、各政党の得票数に応じて議席数を配分する選挙方法で、その特徴は、小選挙区制に比べ、大政党に有利で、死票が多くなりやすい点にある。

3 *よく出る*
自党の党派や候補者に有利になるよう不自然な形で選挙区の境界線を定めることをゲリマンダーと呼び、小選挙区制において生じやすい弊害であるとされる。

4
選挙権の資格を性別、身分、財産の多寡などで制限せず、一定の年齢に達した者すべてに与える選挙制度を普通選挙という。

5
現在のわが国の国会議員の選挙においては、選挙権及び被選挙権を有するのは、いずれも20歳以上の者とされている。

6
わが国における選挙運動については、公職選挙法上、戸別訪問に関する制限はないが、文書図画の配布に関する厳しい制限がある。

7 *よく出る*
衆議院は小選挙区比例代表（　A　）制がとられ、比例区は全国（　B　）のブロックに分けられる。小選挙区と比例区双方の（　C　）も認められる。参議院は選挙区制と比例代表制の混合制がとられ、選挙区選挙は一部の合区を除き各都道府県を1選挙区とする。比例区選挙は全国を1選挙区とし、各党に（　D　）式で議席が配分される。

34

小選挙区制と比例代表制の長所・短所、衆議院と参議院の
選挙制度を入れ替えたひっかけがよく出るよ。

✕ 小選挙区制は、死票（当選者の決定に結びつかなかった票）が多い点が
短所とされています。各選挙区のトップ得票者だけが当選するので、2
位以下の候補者に投じられた票がすべて死票となるからです。二大政党
制に移行しやすいという点は妥当です。

✕ 比例代表制は、各政党の得票数に応じて議席を配分するため、死票が少
なく、小さい政党からも当選しやすいのが特徴です。その分、小政党が
乱立して政治が不安定になりやすいという問題点も指摘されています。

◯ そのとおり。ゲリマンダーとは、米マサチューセッツ州のゲリー知事が、
1812年の選挙が自党派に有利になるように区割りした結果、サラマン
ダー（伝説上のトカゲ）に似たいびつな形の選挙区が生じたことから命
名されました。

◯ そのとおり。わが国では、財産の多寡（納税額）で制限しない狭義の普
通選挙（25歳以上男子）は1925年、性別による制限も撤廃された完全
普通選挙（20歳以上男女）は1945年にはじめて実施されました。

✕ 国会議員の選挙における選挙権年齢は、2016年の参議院議員選挙から
18歳以上に引き下げられました。一方、被選挙権は従来と変更なく、
衆議院議員が25歳以上、参議院議員が30歳以上となっています。

✕ 公職選挙法上、戸別訪問は禁止されています。また、はがき、ポスター
の種類・枚数にも制限が設けられています。

A：並立
B：11
C：重複立候補
D：ドント

4 国際連合

□□1
よく出る
国際連合の総会は、すべての加盟国で構成され、国際連合の
すべての目的に関する問題について討議し、加盟国に対する
勧告は全会一致により決定しなければならない。

□□2
よく出る
安全保障理事会は、国際の平和と安全の維持に主要な責任を
負い、当該理事会の手続事項を含むすべての決議は、すべて
の常任理事国を含む9理事国の賛成を必要とする。

□□3
信託統治理事会は、経済社会理事会の専門機関であり、停戦
監視や選挙監視などの平和維持活動を行っている。

□□4
経済社会理事会は、国連教育科学文化機関（UNESCO）や世
界保健機関（WHO）等の専門機関と連携しながら、経済・
社会・環境等の分野での国際的な取り組みを進めている。

□□5
国際司法裁判所は、国家間の紛争を解決するために設置され
たが、紛争当事国双方の合意がなくても、国際司法裁判所に
おいて裁判を行うことができる。

□□6
よく出る
国際連合の行う平和維持活動（PKO）については、関係国の
同意は不要であるという原則があり、平和維持軍（PKF）の
派遣に際して、紛争当事国の同意を得る必要はない。

□□7
よく出る
第一次世界大戦中に、米国大統領ウィルソンが、（　A　）の
中で、集団安全保障の仕組みの設立を提唱したのを受け、
1920年に（　B　）が発足した。（　B　）は、米国の不参加
や、総会や理事会の議決方式として（　C　）の原則を採っ
ていたことなどから、第二次世界大戦を防止できなかった。
その後、第二次世界大戦中に、連合国を中心に戦後の新たな
平和維持機構の設立が話し合われ、1945年に（　D　）が成
立した。

講師からの
advice

総会や安全保障理事会など6つの主要機関の役割と、平和
維持活動（PKO）が頻出です。

✕ 総会決議は、全会一致ではなく多数決により決定します。平和と安全保障などの重要事項については出席しかつ投票する国の3分の2以上、その他の事項は過半数の賛成が必要です。

✕ 安全保障理事会は常任理事国5か国と非常任理事国10か国で構成され、手続事項以外の実質事項は全常任理事国と非常任理事国4か国以上の賛成で討議されます。しかし、手続事項には常任理事国の拒否権はなく、15か国中9か国以上の賛成で足ります。

✕ 信託統治理事会は国連の主要機関の1つで、信託統治地域の施政を監督し、将来その地域が独立等できるよう指導する機関です。1994年、最後の信託統治地域であるパラオが自治を達成したため、活動を休止しています。

○ そのとおり。経済社会理事会は経済・社会・環境などの分野について研究・報告を行い、国連総会、国連加盟国、関係専門機関に勧告を行い、また勧告を通じて専門機関の活動を調整しています。

✕ 国際司法裁判所は国家間の紛争の解決を目的に設置されている国連の主要機関ですが、紛争当事国間の合意がなければ裁判は行えません。

✕ PKO活動には紛争当事国の同意が必要であるとする同意原則に基づき、PKFの兵力派遣には当事国の受け入れの同意が必要です。

A：平和原則14か条
B：国際連盟
C：全会一致
D：国際連合

5 軍備管理と軍縮

□□1
1963年に、アメリカ、ソ連、フランス、中国の間で、大気圏内外と地下での核実験を禁止する部分的核実験禁止条約（PTBT）が締結された。

□□2
よく出る
1968年に国連で採択された核拡散防止条約（NPT）は、核保有国の拡大を抑えるため、非核保有国の新たな核保有や、核保有国が非核保有国に核を渡すことを禁止している。

□□3
核拡散防止条約（NPT）に加盟している非核保有国は、国際原子力機関（IAEA）の核査察を受けることが義務付けられている。

□□4
よく出る
1996年に、核爆発を伴うあらゆる核実験を禁止する包括的核実験禁止条約（CTBT）が国連総会において採択され、同年中に発効した。

□□5
よく出る
1985年にソ連でフルシチョフ政権が成立すると、米ソ間で戦略兵器制限交渉が開始され、1987年には中距離核ミサイルを全廃する中距離核戦力（INF）全廃条約が成立した。

□□6
「核抑止論」とは、核を保有するすべての国が核兵器を廃絶することこそ合理的であるという考え方である。

□□7
非核三原則とは、1967年に当時の（　A　）総理大臣が衆議院予算委員会で答弁した、核兵器を「（　B　）、作らず、（　C　）」という3つの原則を指す。

講師からの
advice

核兵器に関しては、INF条約の失効や核兵器禁止条約の発効
など近年動きが激しいので、最新の情報をチェック!

✕ 部分的核実験禁止条約（PTBT）は、アメリカ、ソ連、イギリスの間で
1963年に締結されました。また、同条約は、大気圏内、宇宙空間、水
中での核実験を禁止していますが、地下核実験は禁止していません。

◯ そのとおり。NPTにより、核兵器を保有できる国は、アメリカ、ロシア、
イギリス、フランス、中国の5か国に限定されます。

◯ そのとおり。なお、NPTは1995年に無期限延長が決定されています。

✕ 1996年に国連総会で採択された包括的核実験禁止条約（CTBT）の発
効には、核兵器開発能力を有するとみられる44か国（発効要件国）す
べての批准が必要とされます。しかし、この発効要件国のうち、未署名・
未批准（北朝鮮、インド、パキスタン）、未批准（アメリカ、中国、エ
ジプト、イラン、イスラエル）の国があり、同条約はいまだ発効されて
いません。

✕ 戦略兵器制限交渉は1970年代の米ソ間の交渉です。また、1985年にソ
連に成立したのはゴルバチョフ政権であり、同政権下で、米ソ間で中距
離核戦力（INF）全廃条約（2019年失効）や核弾頭自体を削減する第
1次戦略兵器削減条約（STARTⅠ）が締結されました。

✕ 核抑止論とは、核兵器の保有はその法外な破壊力のために、かえって戦
争を抑止する力となるという考え方です。核保有国への核兵器の使用は、
相手国からの核兵器による反撃を覚悟しなければならないことから、最終
的に核兵器の使用を思いとどまる（恐怖の均衡）という思想に基づきます。

A：佐藤栄作
B：持たず
C：持ち込ませず（持ち込まさず）

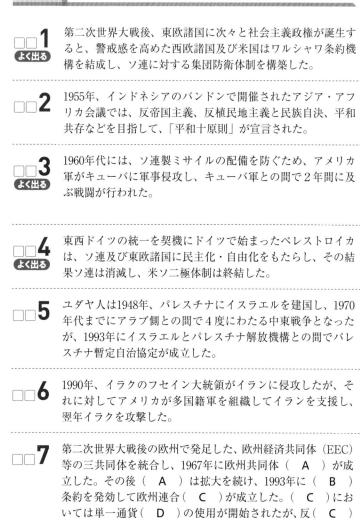

6 戦後の国際政治

□□1 **よく出る**
第二次世界大戦後、東欧諸国に次々と社会主義政権が誕生すると、警戒感を高めた西欧諸国及び米国はワルシャワ条約機構を結成し、ソ連に対する集団防衛体制を構築した。

□□2
1955年、インドネシアのバンドンで開催されたアジア・アフリカ会議では、反帝国主義、反植民地主義と民族自決、平和共存などを目指して、「平和十原則」が宣言された。

□□3 **よく出る**
1960年代には、ソ連製ミサイルの配備を防ぐため、アメリカ軍がキューバに軍事侵攻し、キューバ軍との間で2年間に及ぶ戦闘が行われた。

□□4 **よく出る**
東西ドイツの統一を契機にドイツで始まったペレストロイカは、ソ連及び東欧諸国に民主化・自由化をもたらし、その結果ソ連は消滅し、米ソ二極体制は終結した。

□□5
ユダヤ人は1948年、パレスチナにイスラエルを建国し、1970年代までにアラブ側との間で4度にわたる中東戦争となったが、1993年にイスラエルとパレスチナ解放機構との間でパレスチナ暫定自治協定が成立した。

□□6
1990年、イラクのフセイン大統領がイランに侵攻したが、それに対してアメリカが多国籍軍を組織してイランを支援し、翌年イラクを攻撃した。

□□7
第二次世界大戦後の欧州で発足した、欧州経済共同体（EEC）等の三共同体を統合し、1967年に欧州共同体（ **A** ）が成立した。その後（ **A** ）は拡大を続け、1993年に（ **B** ）条約を発効して欧州連合（ **C** ）が成立した。（ **C** ）においては単一通貨（ **D** ）の使用が開始されたが、反（ **C** ）の動きもあり、2021年1月には、イギリスが（ **C** ）から離脱した。

講師からの
advice

国際政治史を中心に、冷戦期の主要な出来事を整理してお
きましょう。

✕ ワルシャワ条約機構ではなく、北大西洋条約機構（NATO）の説明です。
ワルシャワ条約機構はソ連の指導の下で1955年、東欧8か国が結成し
た集団安全保障機構です（1991年解散）。

○ そのとおり。会議には、インドのネルー首相、インドネシアのスカルノ
大統領、中国の周恩来首相、エジプトのナセル大統領など29か国の代
表団が参加しました。

✕ 1962年、キューバにソ連のミサイル基地が建設されようとしたのを知っ
たケネディ米大統領は海上封鎖を実施しましたが侵攻はせず、ソ連が譲
歩してミサイルを撤去したことから、衝突は回避されました（キューバ
危機）。

✕ 「ペレストロイカ」は、1986年からロシアのゴルバチョフ政権によって
推進された多方面に渡る改革の総称です。経済・政治面等の民主化・自
由化を目指すも困難に直面し、1991年のソ連解体に至ります。

○ そのとおり。イスラエルがヨルダン川西岸地区とガザ地区を占領したの
は、第3次中東戦争（1967年）においてです。

✕ 1990年にイラクのフセイン大統領が侵攻したのは、イランではなく、
クウェートです。

A：EC
B：マーストリヒト
C：EU
D：ユーロ

社会科学

人文科学

自然科学

政治

7 国際法と人権の国際化

□□ 1 国際法は、大多数の国家の一般慣行である国際慣習法と、国家間の意思を明文化した条約などから成り立っている。

□□ 2 国際法に基づくと、国家の主権は領土にのみ及ぶため、海洋に国家の主権は及ばない。

□□ 3 *よく出る* グロティウスは、自然法に基づく国際法の観念を提唱し、その著作『永久平和のために』で、主権国家の上位に立つ国際組織の設立を呼びかけた。

□□ 4 *よく出る* アメリカのF.ルーズベルト大統領が提唱した4つの自由の中に、欠乏からの自由や恐怖からの自由があるが、日本国憲法に恐怖と欠乏から免れる権利に関しての明文はない。

□□ 5 *よく出る* 世界人権宣言は、国連総会において初めて、法的拘束力を伴う条約として採択された。

□□ 6 児童の人権を守ることを目的として1989年に採択された児童の権利条約は、18歳未満の子供を「児童」と定義している。

□□ 7 *よく出る* 国際人権規約は、1966年に国連総会で採択され、法的拘束力を有する。「経済的、社会的及び（ **A** ）的権利に関する国際規約」（社会権規約・A規約）、「市民的及び（ **B** ）的権利に関する国際規約」（自由権規約・B規約）及びそれらの選択議定書からなる。B規約に関する「第2選択議定書」は（ **C** ）に関する条約であるが、わが国は批准していない。

人権尊重の動きが、世界でも日本でも広がっています。
「世界人権宣言」と「国際人権規約」を中心に要点チェック！

○ そのとおり。ちなみに、国際慣習法は大多数の国を拘束し、条約は当事国のみを拘束します。

✕ 国家の主権は、領土・領海・領空（総称して「領域」）に及ぶため、国家の主権が及ぶ海洋は存在します。国連海洋法条約では、領海は海岸線から12海里以内で設定することとされています。

✕ 『永久平和のために』を著したのはドイツの哲学者I.カントです。オランダの法学者H.グロティウスは『戦争と平和の法』や『海洋自由論』を著し、「自然法・国際法の父」と呼ばれています。

✕ 日本国憲法前文に「全世界の国民が、ひとしく恐怖と欠乏から免れ、平和のうちに生存する権利」との明文があります。

✕ 世界人権宣言（1948年採択）は、すべての人民と国家が達成すべき共通の基準となる宣言であり、法的拘束力を持たない文書です。

○ そのとおり。締約国の条約実施状況を審査する委員会として、「児童の権利に関する委員会」が設置されています。

A：文化
B：政治
C：死刑廃止

社会科学

人文科学

自然科学

政治

見て覚える！ まとめノート〈政治〉

① 民主政治の原理

	社会契約説			権力分立
思想家	ホッブズ	ロック	ルソー	モンテスキュー
国・時代 （生没年）	イギリス 17世紀中期 （1588〜1679）	イギリス 17世紀中期 （1632〜1704）	フランス 18世紀中期 （1712〜1778）	フランス 18世紀中期 （1689〜1755）
主著	『リヴァイアサン』	『統治二論』 （『市民政府二論』）	『社会契約論』 『人間不平等起源論』	『法の精神』
ポイント	● 自然状態 **「万人の番人に対する闘争」**状態 ● 自然権 自己保存のための自由 ● 社会契約 各人が主権者に自然権の**全部を委譲（譲渡）** ● その他 抵抗権を否定 絶対王政を擁護したと批判される	● 自然状態 自然法に支配された「平和と秩序」の状態 ● 自然権 生命・自由・**財産**（所有権）を保持する権利 ● 社会契約 自然権確保のため、自然権の**一部**を代表者に**信託** ● その他 立法権（議会）と執行権（君主）の権力分立→**間接民主制** **抵抗権（革命権）**を認める	● 自然状態 自由・平等・自然的善性を備えた状態で、自然と融和したユートピア →人間が富・私有財産を保有したことから人間の不平等・文明化 ● 社会契約 主権の代表は不可能→共和制、**直接民主制** 主権者の**一般意志**の指導下に新たな共同社会を実現する	● 権力分立 国家権力を**立法権、行政権、司法権**の三権に分割（**三権分立**）し、相互に**抑制・均衡**することで権力の濫用を抑止する

2 選挙制度

名称	内容	長所	短所
小選挙区制	狭い選挙区から1名の当選者	● 大政党に有利で政治が安定する。 →二大政党制に移行しやすいとされる。 ● 選挙費用の軽減。 ● 有権者が候補者を知りやすい。	● **死票**が多い。 ● 自派に有利なように選挙区を定める（**ゲリマンダー**）弊害が生じやすい。
大選挙区制	広い選挙区から2名以上の当選者	● 相対的に死票が少ない。 ● 少数派も代表を選出できる可能性がある。	● 選挙費用の増大。 ● 有権者が候補者を知りにくい。 ● 政党内に派閥が形成されやすい。
比例代表制	政党の得票率に応じて議席を配分	● 死票が少なく、民意を忠実に反映できる。 ● 少数派も代表を選出できる可能性が高い。	● 小党分立になりやすい。 →多党制→政治が不安定になる危険がある。 ● 政党中心の選挙になり、政党幹部の権力が肥大化する危険がある。

3 国際連合の主要機関

①総会→全加盟国の代表で構成され、**投票権は平等**（1国1票）。表決は、一般事項は過半数、重要事項は3分の2の**多数決**で決議されるが、総会の勧告は加盟国を**拘束しない**。

②安全保障理事会→米英仏ロ中の5常任理事国と任期2年の非常任理事国10か国で構成。国際の平和と安全の維持に関する主要な責任を負う機関。表決は、手続事項は9理事国の賛成、実質事項は5常任理事国を含む9理事国の多数決で決議（常任理事国に**拒否権**）される。安全保障理事会の決議は加盟国を**拘束する**。

③経済社会理事会→総会で選出された54か国（任期3年）により構成。国際労働機関（ILO）等の専門機関（国連とは別組織）等との連携・調整を担当する。

④信託統治理事会→信託統治地域の独立援助を任務とするが、1994年以降活動中止。

⑤国際司法裁判所→オランダのハーグに設置。15名の裁判官（任期9年）で構成。**国家を当事者**とし、個人は提訴できない。裁判の開始には紛争**当事国の同意が必要**。

⑥事務局→**事務総長**（安保理の勧告により総会が任命）の下で国際公務員が実務を担当。

1 消費者・生産者

□□ **1** 予算制約線とは、満足度が同じになる財の組み合わせの軌跡のことをいう。

□□ **2** （よく出る） 価格消費曲線とは、所得と財の価格及び数量の関係を示す直線のことをいう。

□□ **3** （よく出る） 消費者の最適消費点は、無差別曲線と予算制約線が交わる点である。

□□ **4** （よく出る） 所得が増加したとき消費量が増える財を（ **A** ）、所得が増加したとき消費量が減る財を（ **B** ）という。また、需要の所得弾力性が1より大きい財を（ **C** ）、需要の所得弾力性が1より小さい財を（ **D** ）という。

□□ **5** （よく出る） 価格が与えられたとき、生産者は価格（P）と限界費用（MC）が一致した点で生産量を決定する。

□□ **6** 平均費用と平均可変費用の交点を損益分岐点という。

□□ **7** 限界費用と平均可変費用の交点を操業停止点という。

経済分野の基本となるテーマです。しっかり理解しておきましょう。

社会科学

人文科学

自然科学

✕ これは無差別曲線の内容です。無差別曲線は消費者が同じ効用（満足度）を得られる消費の組み合わせを結んだ曲線です。一方、予算制約線とは、所得（予算）と2財の価格及び数量の関係を表した直線です。

✕ これは予算制約線の内容です。価格消費曲線とは、価格が変化したときに移動する最適消費点（需要）の軌跡です。

✕ 最適消費点は無差別曲線と予算制約線が接する点です。「交点が2つ」かあるいは予算制約線よりも左下にくる無差別曲線は、効用を改善できる余地があるので最適消費ではありません。「交点なし」で予算制約線を越えているものはそもそも購入ができません。

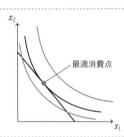

経済

A：上級（正常）財　B：下級（劣等）財　C：奢侈品　D：必需品
Cの奢侈品とは贅沢品のこと。所得が増えるとたくさん消費し、減ると一気に購入しなくなります。つまり需要の所得弾力性が大きいということです。

◯ そのとおり。生産者の利潤最大化条件は、価格＝限界費用（P＝MC）です。

✕ 損益分岐点とは平均費用と限界費用の交点をいいます。平均費用とは、生産にかかる総費用を生産量で割ったものです。限界費用とは追加の量を生産するための費用です。損益分岐点は、固定費用を回収できて、赤字を発生させない（損益0）生産量の境目になる価格と生産量の組み合わせを示しています。

◯ そのとおり。限界費用と平均可変費用の交点が操業停止点となります。

2 市場メカニズム・不完全競争・市場の失敗

□□1 消費者の実質所得の増加は需要曲線を左方にシフトさせる。

□□2 生産者の生産性が向上した場合には供給曲線を左方にシフトさせる。
よく出る

□□3 右図において、完全競争の場合には均衡点は（ **A** ）点、価格は（ **B** ）、取引量は（ **C** ）となる。このとき消費者余剰は（ **D** ）であり生産者余剰は（ **E** ）となる。価格がP_1で規制された場合には消費者余剰は（ **F** ）で、生産者余剰は（ **G** ）となり厚生損失（死荷重）は（ **H** ）となる。
よく出る

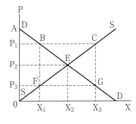

□□4 独占市場とは、市場に1社しか供給者がいない市場のことをいう。
よく出る

□□5 独占企業の利潤最大化は、総収入（TR）と限界費用（MC）が一致する点である。

□□6 公共財は、排除性と競合性の2つの性質を有する財のことをいう。
よく出る

□□7 外部効果のうち、ある経済主体が他の経済主体に市場を通さず損失を与えることを外部不経済という。

講師からの
advice

前出の「消費者・生産者」からもう少し視点を広げて市場に着目します。広く浅く論点を押さえよう。

✕ 実質所得が増加すると需要量が増加するため、需要曲線は右方にシフトします。

✕ 生産性が上昇すると生産量が増加するため、供給曲線は右方にシフトします。

A：E
B：P_2
C：X_2
D：AEP_2
E：P_2E0
F：ABP_1
G：P_1BF0
H：BEF

○ そのとおり。2社の場合を複占市場、少数社の場合を寡占市場といいます。

✕ 独占企業の利潤最大化は限界収入（MR）と限界費用（MC）が一致する点です。

✕ これは私的財の説明です。公共財とは、非排除性と非競合性の2つの性質を有する財のことをいいます。「お金を払わない人を排除できない・だれもが同時に使える」財で、国防などが挙げられます。

○ そのとおり。公害は代表的な外部不経済です。

3 国民所得概念・国民所得決定理論

□□1
よく出る

GDPとは、国民が1年間に生み出した付加価値を集計したものである。

□□2
よく出る

日本の居住者がアメリカ企業への株式投資で受け取った配当所得は、日本のGNIとアメリカのGNIに含まれる。

□□3

GNP（Gross National Product：国民総生産）とは、国民が1年間に生み出した付加価値を集計したものである。

□□4

GDPに海外からの要素所得を差し引き、海外への要素所得を加えたものがGNIとなる。

□□5
よく出る

GDPの見方として生産面からみたGDP、支出面からみたGDP、分配面からみたGDPがあるが、この三つが必ず一致することを三面等価の原則という。

□□6
よく出る

右グラフの45度線分析において、総需要がY_d^1の時、均衡国民所得はY_1となる。Y_1が完全雇用国民所得と仮定すると総需要がY_d^2となった場合には（　**A**　）がインフレギャップであり、総需要がY_d^3となった場合には（　**B**　）がデフレギャップとなる。

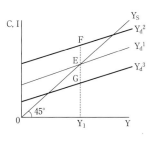

□□7

45度線分析において、投資や政府支出が増加すると国民所得は1/（1−平均消費性向）倍増加する。これを乗数理論という。

講師からの advice

> 45度線分析のグラフは、自分でも描いてみると頭に入る!

✗ GDP (Gross Domestic Product:国内総生産) とは、国内で1年間に生み出された財やサービスの付加価値を集計したものです。ちなみに、GDPから固定資本減耗を差し引いたのがNDP (国内純生産)、NDPから間接税を引いて補助金を足したものがDI (国民所得) となります。

✗ 日本のGNI (Gross National Income:国民総所得) とアメリカのGDPに含まれます。GNIとは、国民が1年間に生み出した所得を集計したものです。GDPに海外からの要素所得を加え、海外への要素所得を差し引いたものがGNIとなります。

○ そのとおり。現在は使われていない。GNPより固定資本減耗を差し引いたものがNNP (国民純生産) であり、さらに間接税を差し引き、補助金を足したのがNI (国民所得) となる。

✗ GDPに海外からの要素所得を加え、海外への要素所得を差し引いたものがGNIとなります。

○ そのとおり。GDPの見方は生産面、支出面、分配面があり、この三つは必ず一致します。

    A:EF
    B:EG

✗ 投資や政府支出が増加すると国民所得は1/(1-限界消費性向) 倍増加します。

4 景気循環・インフレーション

□□1 **よく出る**
約40か月（3〜4年）という短い周期で起こる景気循環をジュグラーの波という。

□□2
8年から12年、平均して約10年の周期で起こる景気循環をクズネッツの波という。

□□3
約20年周期で起こる景気循環をコンドラチェフの波という。

□□4 **よく出る**
40年から70年、平均して約50年の周期で起こる景気循環をキチンの波という。

□□5 **よく出る**
持続的な物価上昇をインフレーションといい、その要因が超過需要である場合は（　A　）・インフレ、生産コストの上昇である場合は（　B　）・インフレと呼ぶ。

□□6
インフレーションを速度や程度で分類する場合、年2〜3％のインフレを（　A　）・インフレ、年10％を超えるようなインフレを（　B　）・インフレ、短期間に100％を超えるようなインフレを（　C　）・インフレと呼ぶ。

□□7 **よく出る**
物価高騰と景気停滞が同時に起きることをスタグフレーションという。

講師からの
advice

景気循環の期間・名称・主要因を入れ替えたひっかけパターンに要注意。

✕ 約40か月周期で起こる短期の景気循環はキチンの波です。おもに企業の在庫投資の増減によって起こるとされ、私たち消費者にとっても身近に感じられる景気の波です。

✕ 約10年周期で起こる中期の景気循環はジュグラーの波です。おもに企業の設備投資の増減によって起こるとされています。

✕ 約20年周期で起こる景気循環はクズネッツの波です。おもに住宅や工場などの建設需要の増減によって起こるとされ、建築循環とも呼ばれます。

✕ 約50年周期で起こる長期の景気循環はコンドラチェフの波です。その要因は諸説ありますが、技術革新（イノベーション）に起因するというシュンペーターの説が最も有力です。

A：ディマンドプル
B：コストプッシュ

A：クリーピング
B：ギャロッピング
C：ハイパー

◯ そのとおり。「インフレーション」と、「停滞」を意味する「スタグネーション」を組み合わせた言葉です。

社会科学

人文科学

自然科学

経済

5 財政

□□1
よく出る

財政には、（ **A** ）機能、（ **B** ）機能、（ **C** ）機能という三つの機能がある。

□□2
よく出る

国が、特定の事業や資金運用を行ったり、特定の歳入をもって特定の歳出に充てたりする場合に、一般会計の歳入歳出とは別に経理するための会計のことを補正予算という。

□□3

予算は原則として会計年度ごとに編成され、次の会計年度以降の予算を拘束すべきではないという考え方を会計年度独立の原則という。

□□4
よく出る

本予算が年度開始前に成立しなかったとき、本予算が成立するまでの期間の国の支出に関して暫定的に組む予算のこと暫定予算という。

□□5
よく出る

建設国債は、財政法で発行が認められていない国債である。

□□6

日本銀行における国債の引き受けは、財政法第5条により、原則として禁止されている。これを中央銀行引受の原則という。

□□7

法律上の納税義務者と担税者が一致することを立法者が予定している租税を間接税という。

講師からの advice

財政制度、とくに予算制度と税制は毎年のように出題されています。

A：資源配分
B：所得再分配
C：経済安定化
※順不同

✗ 補正予算ではなく、特別会計です。

✗ 会計年度独立の原則ではなく、予算の単年度主義です。

○ そのとおり。暫定予算はその後本予算に吸収されます。

✗ 建設国債は財政法で発行が認められています。認められていないのは赤字国債（特例国債）です。

✗ 中央銀行引受の原則ではなく、市中消化の原則です。市中消化の原則の目的は、国債発行によるインフレを防止することです。

✗ 言い回しが難しいですが、要は、納める人と負担する人が同じである税金は間接税ではなく、直接税です。所得税、法人税、相続税などがこれにあたります。

社会科学

人文科学

自然科学

経済

6 財政政策・金融政策

□□ **1** (よく出る)
不況時の財政政策として、政府支出を（ A 増加 or 減少 ）させ、税金は（ B 増税 or 減税 ）する。

□□ **2**
不況時には、公定歩合（基準貸付利率）を上げ、マネーサプライを増加させる。これを公定歩合操作と呼ぶ。

□□ **3** (よく出る)
不況時に売りオペを行い、マネーサプライを増加させることを公開市場操作という。

□□ **4**
不況時には、法定準備率（支払準備率）を下げ、マネーサプライを増加させる、これを法定準備率操作と呼ぶ。

□□ **5** (よく出る)
財政投融資とは、国の制度や信用を通じて集められた各種の公的な資金を財源にしながら、国の政策目標実現のために行われる政府の投融資活動のことをいう。

□□ **6**
フィスカルポリシーとは、景気調節のために政府が意図的に実施する財政政策のことで、不況期には減税、好況期には増税を行う。また公共事業は不況期には縮小、好況期には拡大させる。

□□ **7** (よく出る)
ビルトインスタビライザーの例として、失業保険、生活保護、累進課税があげられる。

講師からの advice

各政策の内容やメカニズムとその効果について理解できているかな？

A：増加
B：減税

✕ 不況時には公定歩合（基準貸付利率）を下げます。これによって、マネーサプライ（市場に流通している通貨の量）が増えます。

✕ 不況時には、買いオペを行います。買いオペとは、日銀が市場から債券（国債）や手形を買うことで、これにより市場のマネーサプライを増やし、物価の下落を抑えて金利を引き下げる効果があるため不況時に行われます。

◯ そのとおり。法定準備率を下げることにより、通貨乗数（中央銀行が市場に供給する資金量〈マネタリーベース〉と経済全体の通貨供給量〈マネーストック〉との比率）が大きくなり、マネーサプライが増加します。

◯ そのとおり。第2の予算とも呼ばれています。

✕ 公共事業は不況期には拡大、好況期には縮小させます。

◯ そのとおり。ビルトインスタビライザーとは、景気の自動安定化装置という意味です。不況時は、失業保険や生活保護など社会保障費を増やすことで景気を刺激し、好況時は、累進課税で税収を増やすことで景気を抑制します。

社会科学

人文科学

自然科学

経済

57

7 IS-LM分析

□□1
よく出る
財市場を均衡させる、利子率と国民所得の組み合わせの軌跡を（ **A** ）曲線といい、曲線の向きは通常（ **B 右上がり or 右下がり** ）となる。

□□2
貨幣市場を均衡させる、利子率と国民所得の組み合わせの軌跡を（ **A** ）曲線といい、曲線の向きは通常（ **B 右上がり or 右下がり** ）となる。

□□3
よく出る
IS曲線とLM曲線の交点で、財市場と貨幣市場を同時に均衡させる利子率と国民所得が決定される。

□□4
よく出る
財政政策として政府支出を増加させた場合、IS曲線は左方シフトし、国民所得は増加し利子率は上がる。

□□5
金融政策としてマネーサプライを増加させた場合、LM曲線は上方にシフトし、国民所得は増加し利子率は下がる。

□□6
よく出る
人々がもう利子率が下がらないと思うほど十分に低い場合、流動性の罠が生じ、LM曲線は水平となる。

□□7
流動性の罠が生じている場合、財政政策、金融政策は共に無効となる。

講師からの
advice

> 財政・金融政策によるIS曲線の変化、また、LM曲線の動きと有効性について押さえておこう。

A：IS
B：右下がり

A：LM
B：右上がり

○ そのとおり。IS曲線は財市場、LM曲線は貨幣市場が均衡しているときの利子率と国民所得の組み合わせを示しており、IS曲線とLM曲線の交点として財・貨幣市場同時均衡状態における国民所得と利子率が求められます。

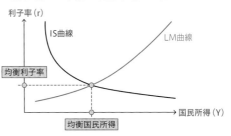

✕ 財政政策で政府支出を増加させると、IS曲線は右方シフトします。

✕ 金融政策でマネーサプライを増加させると、LM曲線は下方シフトします。

○ そのとおり。実際にアメリカで低金利の時に金融政策に効果がなかったことから提唱された理論です。

✕ 流動性の罠が生じている場合、財政政策は有効で、金融政策のみ無効となります。

8 国際経済・貿易理論

□□ 1
よく出る
為替レートの決定理論のうち、一物一価の法則に則った、同じ財の価格はどの場所でも同じ価格で買えるように為替レートが決定すると考えるのは「金利平価説」である。

□□ 2
円安ドル高になると、輸出は減少し、輸入は増加し、貿易収支は赤字化する。

□□ 3
よく出る
リカードの比較生産費説は、各国は比較生産費が低い財の生産に特化して生産し輸出することにより、当事者国は互いの利益を得るという理論である。

□□ 4
よく出る
国際収支は（　A　）収支、（　B　）収支、（　C　）収支、誤差脱漏からなる。

□□ 5
国際開発協会（IDA）は、第二次世界大戦で荒廃した国へ復興資金を援助するために設立された機関である。

□□ 6
よく出る
国際通貨基金（IMF）は、第二次世界大戦が国際金融や通貨の不安定が一因であったという反省に立ち、国際金融と為替の安定のために設立された。

□□ 7
自由貿易体制の実現を目指し1947年に署名された（　A　）のもとでは、8回の関税引き下げ交渉がもたれたが、それは貿易拡大による国際経済発展に貢献するとともに、その後の（　B　）の設立をもたらした。（　B　）では、（　A　）の基本精神を受け継ぎつつ、交渉を続けている。

講師からの advice

> 為替レート、円高・円安、貿易に関する国際機関は頻出なので、ぜひ押さえてほしい。

✗ 購買力平価説です。たとえばアメリカでは1ドルで買えるハンバーガーが日本では100円で買えるとするとき、1ドルと100円では同じものが買える（つまり1ドルと100円の購買力は等しい）ので、為替レートは1ドル＝100円が妥当だという考え方です。

✗ 円安ドル高になると、輸出は増加し、輸入は減少し、貿易収支は黒字化します。

○ そのとおり。

A：経常
B：金融
C：資本移転等
※順不同

✗ 問題文は国際復興開発銀行（IBRD）についての説明です。どちらも世界銀行の機関ですが、IBRDは中所得国に、IDAは最貧国に融資を行っているという違いがあります。日本はIBRDからの融資を受けて、東海道新幹線や黒部ダムなどを建設しました。

○ そのとおり。1944年のブレトンウッズ会議で設立が決定されました。

A：関税および貿易に関する一般協定（GATT）
B：世界貿易機関（WTO）

9 経済学史

□□ **1** レオン・ワルラスは（ A ）学派に属し、著書『 B 』において、ミクロ経済学の核心である一般均衡理論を確立した。

□□ **2** （ A ）学派の創始者の一人であるカール・メンガーは、当時のドイツ語圏の経済学において支配的学説であった「歴史学派」に対して方法論的批判を加え、独自の経済学理論体系として『 B 』を世に示した。

□□ **3** **よく出る** イギリスの経済学者アルフレッド・マーシャルは、新古典派とも呼ばれる（ A ）学派を創設し、著書『 B 』において価格は買い手の意欲（需要）と売り手の意欲（供給）の均衡によって決定されると説いた。

□□ **4** **よく出る** 「近代経済学の父」と呼ばれるアダム・スミスは、著書『 A 』において、（ B ）主義を批判し、貿易を奨励した。

□□ **5** カール・マルクスは、著書『 A 』において、「資本主義では、労働者が賃金以上に働くことで生み出した価値が資本家に搾取される」という（ B ）説を展開した。

□□ **6** **よく出る** 18世紀中頃のフランスでは、重農主義を主張するフランソワ・ケネーが『経済表』を著し、「富の源泉は農業生産にあり」と説いた。また、国家の統制を否定し自由な経済活動を重視する自由放任（レッセ・フェール）の経済活動を主張し、アダム・スミスに継承された。

□□ **7** **よく出る** 20世紀前半、イギリスの経済学者ジョン・メイナード・ケインズが『人口論』を著した。

講師からの
advice

経済学史は、おもな経済学者の名前・学派・著書をセット
で覚えよう。

A：ローザンヌ
B：純粋経済学要論

A：オーストリア
B：国民経済学原理

A：ケンブリッジ
B：経済学原理

A：国富論
B：重商

A：資本論
B：余剰価値

○ そのとおり。ケネーは「重農主義」「自由放任主義」がキーワードです。

✕ 『人口論』の著者はイギリス古典派経済学者のトマス・ロバート・マル
サスです。ケインズは『雇用・利子および貨幣の一般理論』が有名です。

社会科学

人文科学

自然科学

経済

経済

10 経済史

□□ **1**
よく出る

戦後、アメリカは連合国軍最高司令官総司令部（GHQ）を通じて、日本の民主化のために三大改革と呼ばれる「（ **A** ）改革」「（ **B** ）解体」「（ **C** ）の制定」を進めた。

□□ **2**

戦後、日本の円相場は、GHQが打ち出した経済安定政策「ドッジ・ライン」によって、1ドル＝305円に固定され、輸出を伸ばした。

□□ **3**

高度経済成長期にはさまざまな好景気が起こり、代表的なものとして、「（ **A** ）景気」（1954年～1957年）、「（ **B** ）景気」（1958年～1961年）、「オリンピック景気」（1962年～1964年）、「（ **C** ）景気」（1965年～1970年）が挙げられる。

□□ **4**
よく出る

高度経済成長期が始まったばかりの神武景気のころ、当時の池田内閣によって、国民所得倍増計画が発表された。さらに、いざなぎ景気になると、経済白書に「もはや戦後ではない」という言葉が使われた。

□□ **5**

1974年、金とドルの兌換を停止する「シャウプ勧告」の影響により、日本は戦後初めて実質経済成長率がマイナスとなった。

□□ **6**
よく出る

円高ドル安を誘導するためのプラザ合意をもとに、日本銀行が公定歩合を引き下げたことがバブル景気のきっかけとなった。

□□ **7**
よく出る

2008年に起きたアメリカの投資銀行リーマン・ブラザーズの経営破綻を機に、世界的な金融危機が拡大したが、日本やヨーロッパはアメリカより早く景気が回復した。

講師からの
advice

経済史の出題の大半は、戦後の日本経済です。敗戦からバブル崩壊までを中心に学習しましょう。

A：農地
B：財閥
C：労働三法

✕ 1ドル＝360円です。

A：神武
B：岩戸
C：いざなぎ
神武とは、日本初代の天皇とされる神武天皇こと。日本国が始まって以来、例を見ない好景気という意味で、神武景気と名づけられました。

✕ 国民所得倍増計画は1960年（岩戸景気のころ）に発表されました。また、「もはや戦後ではない」という言葉は1956年（神武景気のころ）の経済白書で使われました。高度経済成長期は1955〜1973年の19年間を指します。

✕ シャウプ勧告ではなく、ニクソン・ショックです。1971年8月15日、アメリカのニクソン大統領が電撃的に発表した「金とドルの兌換停止」の方針によって、国際通貨制度が崩壊した出来事です。

〇 そのとおり。不景気を予想した日本銀行が公定歩合を引き下げたことにより、市中に資金がダブつきバブルのきっかけとなりました。

✕ リーマンショックが起きたアメリカの経済は他の国々よりもスピーディーに回復しています。一方で、日本やヨーロッパはリーマンショックのあおりを受けて、景気低迷が長期化しました。

見て覚える！ まとめノート〈経済〉

① 消費者理論と生産者理論

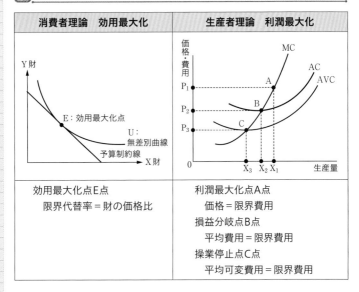

消費者理論　効用最大化	生産者理論　利潤最大化
効用最大化点E点 　限界代替率＝財の価格比	利潤最大化点A点 　価格＝限界費用 損益分岐点B点 　平均費用＝限界費用 操業停止点C点 　平均可変費用＝限界費用

② 財の性質

上級財：所得が増加（減少）した際に消費量が増加（減少）する財
下級財：所得が増加（減少）した際に消費量が減少（増加）する財
奢侈品：需要の所得弾力性が1より大きい財
必需品：需要の所得弾力性が1より小さい財

③ 市場メカニズム

需要曲線の右シフト要因 （左シフト）	実質所得の増加（減少）代替財の価格上昇（減少）、補完財の価格下落（上昇）
供給曲線の右シフト要因 （左シフト）	生産性の上昇（低下）生産要素価格の低下（上昇）減税（増税）

4 市場の均衡と余剰

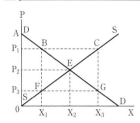

P₁の時超過供給　BC
P₃の時超過需要　FG
均衡点E点　均衡価格P₂　均衡数量X₂
消費者余剰AEP₂
生産者余剰OEP₂

5 国民所得概念

GDP (国内総生産)	国内で1年間に生み出された付加価値を集計したものである。
GNI (国民総所得)	国民が1年間に生み出した所得を集計したものである。

A：純要素所得
B：固定資本減耗を控除
C：間接税を引いて補助金を加える

6 国民所得決定理論

- 均衡国民所得
  $Y_s = Y$、$Y_d = C + I$のモデルにおいて
  Y_d^1の時　均衡国民所得E点　Y_1
- インフレギャップ・デフレギャップ
  Y_d^1を完全雇用国民所得とすると
  Y_d^2の時　インフレギャップF E
  Y_d^3の時　デフ入れギャップE G

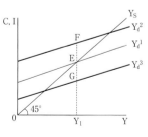

- 乗数理論
  $C = C_0 + C_1 Y$（C_0基礎消費　C_1限界消費性向）とすると投資が増加した場合、
  国民所得は投資の増加分の$\dfrac{1}{1 - C_1}$倍増価する。

見て覚える！まとめノート〈経済〉

7 財政政策・金融政策

	金融政策			財政政策	
	金利操作	公開市場操作	支払準備率操作	政府支出	税金
不況対策	公定歩合低下	買いオペレーション	準備率低下	増加	減税
過熱抑制	公定歩合上昇	売りオペレーション	準備率上昇	減少	増税

8 IS-LM分析

● IS曲線
  財市場を均衡させる利子率と国民所得の組み合わせの軌跡
● LM曲線
  貨幣市場を均衡させる利子率と国民所得の組み合わせの軌跡
● 均衡
  財市場と貨幣市場を同時に均衡する利子率と国民所得はIS曲線とLM曲線の交点（E点）
● 財政政策（政府支出の増加）
  IS曲線の右シフト（均衡点$E_1 \rightarrow E_2$）
● 金融政策（マネーサプライの増加）
  LM曲線の下方シフト（均衡点$E_1 \rightarrow E_3$）

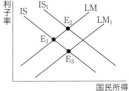

9 景気循環

名　称	周　期	主要因
キチンの波	約40カ月	在庫投資の増減
ジュグラーの波	約10年	設備投資
クズネッツの波	約20年	建設需要
コンドラチェフの波	約50年	技術革新

⑩ インフレーション

要因分類	ディマンドプル・インフレーション	需要の増加により生ずるインフレーション
	コストプッシュ・インフレーション	生産コストの上昇により生ずるインフレーション
速度分類	クリーピング・インフレーション	1年で2～3%程度の持続的なインフレーション
	ギャロッピング・インフレーション	1年で10%を超えるようなインフレーション
	ハイパー・インフレーション	短期間に100%を超えるようなインフレーション
関連用語	デフレーション	物価が持続的に下落する現象
	デフレ・スパイラル	デフレーションと景気後退が持続的に進行している状態
	スタグフレーション	インフレーションと景気後退が同時に起きる現象

⑪ 財政の機能

1 資源配分機能
資源配分とは、土地、労働、資本といった限りある経済資源を各経済主体（家計、企業、政府など）に振り分けることである。具体的には公共財の供給（国防、警察、道路、公園）などがあげられる。

2 所得再分配機能
所得再分配機能とは、個人の所得格差を（所得分配が公平になるように）調整することである。具体的には、累進課税制度、社会保障制度(年金等)、義務教育、低家賃住宅などへの支出などがあげられる。

3 経済安定機能
経済の安定機能とは、政策によって景気（好況・不況の波）を安定させることである。具体的には、ビルトインスタビライザー（自動安定化装置）、フィスカルポリシー（裁量的財政政策）などがあげられる。

経済

1 少子高齢化問題

□□ 1
1人の女性が生涯に産む子どもの数の平均を合計特殊出生率といい、2.07以上で現在の人口が維持されるといわれている。

□□ 2
日本の合計特殊出生率は、アメリカやフランスなどに比べ高い水準である。

□□ 3 よく出る
日本では、1994年に高齢化率（全人口に占める65歳以上の割合）が7％を超え、高齢化社会に移行した。

□□ 4 よく出る
日本の介護保険制度の保険料は、20歳以上の全国民から徴収している。

□□ 5 よく出る
日本では、生涯現役社会の実現のため、すべての事業者に65歳定年制を義務づけている。

□□ 6 よく出る
介護保険の被保険者は、（　**A**　）歳以上の者（第1号被保険者）と（　**B**　）歳～（　**C**　）歳の医療保険加入者（第2号被保険者）である。保険料の徴収方法は、第1号被保険者は（　**D**　）が徴収する。第2号被保険者の医療保険加入者は、医療保険の一部として一括徴収されている。

□□ 7
待機児童問題の解消に向けて、政府は2016年度から企業主導型保育事業を進め、保育の受け皿を拡大させた。

講師からの
advice

時事問題としても頻出のテーマ。少子高齢化は社会保障制度にも大きな影響を与えます。

○ そのとおり。ちなみに日本の合計特殊出生率は、戦後長らく低下を続け、2005年（平成17年）には、過去最低となる1.26を記録しました。

✕ 日本の合計特殊出生率は、世界的に見ても最下位レベルの数値です。ちなみにフランスでは1993年に1.73と最低を記録した合計特殊出生率を、政策対応により回復させました。

✕ 1994年に日本の高齢化率は14％を超え、高齢社会に移行しました。

✕ 介護保険料は「満40歳に達したとき（40歳の誕生日の前日）」から徴収が始まります。

✕ 高齢者雇用安定法は、65歳定年制のほか、継続雇用制度や定年の廃止のいずれかの措置を講じる義務となっています。

A：65
B：40
C：64
D：市区町村

○ そのとおり。企業主導型保育事業とは、企業が主に自社の従業員のために保育所を設置して運営を行うことを政府が助成する制度です。

2 社会保障制度

□□1
よく出る
後期高齢者医療制度は、原則として75歳以上の高齢者が加入する健康保険制度であり、都道府県が保険料を徴収している。

□□2
70歳以上の高齢者のうち、現役世代並みの所得者に対しては、医療費の自己負担割合を3割としている。

□□3
わが国の年金の財源は、積立方式を採用し、在職中に拠出した保険料で将来の年金給付を賄っている。

□□4
雇用保険とは、業務上の病気やケガと、通勤災害について、本人や遺族に補償金を給付するものである。

□□5
よく出る
厚生年金の保険料は、すべて事業者が負担する。

□□6
よく出る
年金制度は、業務運営の効率化のため、会社員と公務員を区別して扱っている。

□□7
よく出る
日本の社会保障制度は、1874年に制定された（ **A** ）規則がその始まりである。現在は、憲法25条の第1項で（ **B** ）が規定され、第2項で社会保障に対する国の責務が規定されている。それに基づき、社会保険、（ **C** ）、社会福祉、（ **D** ）を四本柱とする制度が作られている。

講師からの
advice

社会保障費は国の一般会計歳出の約3分の1を占めます。

✕ 後期高齢者医療制度の保険料は市区町村が徴収しています。前半の記述は妥当です。

○ そのとおり。医療費は70歳になると2割、75歳になると1割に引き下げられますが、「現役並み所得者」と呼ばれる年収約383万円以上の人は、70歳以降もずっと3割を自己負担します。

✕ 年金の財源は、修正積立方式（積立方式と賦課方式の混合型）です。積立方式とは、高齢者世代の年金を、その世代が現役時代に積み立てた財源で賄う仕組みです。賦課方式とは、高齢者世代の年金を、その時点の現役世代が負担した財源で賄う仕組みです。

✕ 労災保険の説明です。雇用保険とは、労働者が失業した場合などに必要な給付を行う保険です。

✕ 厚生年金の保険料は、労使折半負担、つまり事業主と被保険者とが半分ずつ負担します。

✕ かつては、会社員の「厚生年金」、公務員の「共済年金」、私立教職員の「私立学校教職員共済年金」と3つに分かれていましたが、2015年（平成27年）10月より「厚生年金」に一元化されました。

A：恤救
B：生存権
C：公的扶助
D：公衆衛生
※CとDは順不同

社会科学
人文科学
自然科学

社会

73

3 環境問題・労働問題

□□1 よく出る
日本は、2030年度までに温室効果ガスの排出量を2013年度に比べて40％削減することを目標としている。

□□2
「第6次エネルギー基本計画」において、政府は2030年度の日本の電源構成について、再生可能エネルギーを36〜38％、液化天然ガスを20〜22％、原子力を20％と見込んでいる。

□□3 よく出る
再生可能エネルギーの利用を増やし、温室効果ガスの排出を減らすとともに、植物などが吸収する分を差し引いて収支でゼロにする考え方をカーボンオフセットという。

□□4
ワシントン条約は、特に水鳥の生息地等として国際的に重要な湿地及びそこに生息・生育する動植物の保全を促進することを目的としている。

□□5 よく出る
ショップ制とは、労働組合の（　**A**　）権強化を目的とした協約で、使用者が労働者を雇用する際、労働者は労働組合員でなければならないとする「（　**B**　）・ショップ」、雇用された労働者に労働組合への加入が義務付けられる「（　**C**　）・ショップ」、労働者が労働組合に加入することを強制しない「（　**D**　）・ショップ」がある。

□□6
年功序列、終身雇用、新卒一括採用などを前提する日本の企業では「ジョブ型雇用」が多く取り入れられており、これは職務や勤務地などを限定せずに雇用契約を結ぶ雇用システムをいう。

□□7 よく出る
働き方改革に伴い、日本の労働組合組織率は上昇傾向にあり、世界平均よりも高くなっている。

講師からの
advice

環境問題・労働問題に関しては、さまざまな施策や法律が
決定しています。用語と数字を整理しておきましょう。

× 2021年10月22日に閣議決定された「第6次エネルギー基本計画」では、2030年度までに温室効果ガスの排出量を46％削減（2013年度比）することを目標としています。

× 液化天然ガスと原子力が逆です。ちなみに再生可能エネルギーとは、太陽光、水力、風力、バイオマス、地熱などを指します。

× カーボンニュートラルの説明です。カーボンオフセットとは、日常生活や企業活動などで、どうしても発生してしまうCO_2（＝カーボン）を、他の場所でのCO_2削減・吸収活動で埋め合わせ（＝オフセット）しようという考え方です。

× ラムサール条約の説明です。ワシントン条約は、絶滅のおそれのある野生動植物の種の国際取引を規制し保護することを目的としています。

A：団結
B：クローズド
C：ユニオン
D：オープン

× ジョブ型雇用ではなく、メンバーシップ型雇用です。ジョブ型雇用とは、職務や勤務地などを明確に決めて雇用契約を結び、労働時間ではなく職務や役割で評価する雇用システムです。

× 日本の労働組合組織率は低下の一途をたどっています。1948年（55.8％）をピークに、1980年ごろには約30％まで低下し、2023年は16.3％となっています。

社会科学

人文科学

自然科学

社会

見て覚える！まとめノート〈社会〉

1 年金制度

年金保険	老齢・障害・死亡時に被保険者やその家族に年金が給付される。	
国民年金	20歳以上のすべての国民が加入＝基礎年金	
厚生年金	サラリーマン、公務員が加入　※2015年に共済年金と一元化された	
財源	積立方式	現役時代に積み立てた保険料で将来の年金を賄う
	賦課方式	一定期間に支出する年金をその期間の現役労働者の保険料で賄う
	修正積立方式	積立方式と賦課方式の混合型　※**日本はこの方式**

2 医療制度

高齢者医療制度	対象者	【前期】65歳〜74歳→従来の医療保険制度に加入 【後期】75歳以上→後期高齢者医療制度
	患者の負担	● 70歳〜74歳→2割 ● 75歳以上→1割 ※現役世代並みの所得者は3割

3 労働問題

労働時間法制の見直し	①残業の上限を原則月45時間、年360時間に制限 ②年5日の年次有給休暇の取得の義務化 ③勤務時間インターバル制度の導入を努力義務化
非正規雇用の処遇改善	①不合理な格差をなくすための規程整備 ②非正規雇用労働者の待遇に関する説明義務の強化 ③行政ADRの整備

4 主な環境国際条約

ウィーン条約	モントリオール議定書→フロンガスの全廃を決定した。
バーゼル条約	有害廃棄物の越境移動を禁止する条約
気候変動枠組み条約	京都議定書→各国の具体的な二酸化炭素削減目標（%）を設定
ワシントン条約	絶滅のおそれのある野生動植物の種の国際取引を規制する条約
ラムサール条約	特に水鳥の生息地等として国際的に重要な湿地及びそこに生息・生育する動植物の保全を促進することを目的とする

第 **2** 章

人文科学

1 古代～奈良朝

□□1
よく出る
聖徳太子は、天皇の下に国家の役人の序列を整えるために冠位十二階を制定し、12階の位を設けて位に応じた冠を授けた。

- -

□□2
聖徳太子は、唐の政治制度や仏教など文化の導入を図ろうとし、唐と国交を結ぶために唐の煬帝のもとに小野妹子を遣唐使として派遣した。

- -

□□3
天智天皇は、670年には最初の全国的な戸籍である庚午年籍をつくらせた。

- -

□□4
よく出る
班田収授法においては、労役までは課せられなかった。

- -

□□5
よく出る
三世一身の法とは、新しく灌漑施設をつくって開墾した者には、本人一代の私有を認めるものである。

- -

□□6
律令制度では、中央政府の機構に政治を統括する五衛府と並んで、神々の祭祀をつかさどる神祇官が置かれたほか、宮城の警備や取締りにあたる太政官や官吏の監察にあたる弾正台が設けられた。

- -

□□7
律令制度では、正丁（せいてい）3、4人に1人の割合で兵士が徴発され、諸国の軍団に配属されたほか、兵士の一部は、（　**A**　）となり京を警備し、また（　**B**　）となって大宰府に配置されて北九州を守護した。

講師からの
advice

主要な人物と、その功績やできごとを整理しながら覚えましょう。律令制度のしくみは公務員試験で頻出です。

○ そのとおり。聖徳太子は、冠位十二階の制によって氏姓制度の世襲制の弊害を打破し、人材登用に道を開こうとしました。

✕ 聖徳太子が派遣したのは遣隋使です。小野妹子が派遣された時、隋は第2代皇帝の煬帝が治めていました。

○ そのとおり。庚午年籍と似た言葉に庚寅年籍がありますが、これは持統天皇によってつくられたものです。

✕ 中央政府の雑用に使役される仕丁や、地方の労役である雑徭が成年男子に課せられました。

✕ 新たに開墾した場合、本人－子－孫（または子－孫－ひ孫）までの三代の私有を認めてもらえます。本人のみの一代の私有が認められるのは、「旧来の灌漑施設を利用して開墾した者」に対してです。

✕ 五衛府と太政官が逆です。太政官は律令制における最高行政機関です。

A：衛士
B：防人

社会科学

人文科学

自然科学

日本史

2 平安～鎌倉の滅亡

□□ 1
よく出る
桓武天皇の時代、国司の不正を取り締まるため、検非違使と呼ばれる令外官が設置された。

□□ 2
よく出る
蝦夷征討のための鎮守府は、志波城から胆沢城を経て多賀城へと移動した。

□□ 3
3代執権北条泰時は、1225年に連署と評定衆を設置した。

□□ 4
よく出る
フビライ＝ハンは日本に朝貢を求める使者を派遣したが、8代執権北条時宗がこれを拒否したため、2度にわたって大軍を派遣した。

□□ 5
1333年、足利高氏は京都の六波羅探題を攻め落とし、新田義貞は鎌倉を攻め落として、鎌倉幕府は滅亡した。

□□ 6
平将門は、朝廷に背いて関東の大半を占領した後、都に攻め上って朝廷を襲撃したが、源氏によって鎮圧された。

□□ 7
源頼朝は、鎌倉を拠点とする武家政治をはじめ、国ごとに（　A　）を、荘園や公領ごとに（　B　）を置くことを朝廷に認めさせた。

講師からの
advice

平安時代は桓武天皇期、鎌倉時代は朝廷と武家との関係に
ついてよく問われます。

✕ 桓武天皇期の令外官は勘解由使です。検非違使は嵯峨天皇期の令外官です。

✕ 順番が逆です。多賀城→胆沢城→志波城と、現在の宮城県から北海道の方へ向けて移動しました。

○ そのとおり。連署とは執権の補佐役のことで、評定衆は、鎌倉幕府の最高機関として設置された機関のことです。評定衆は裁判をはじめ重要な政務の評議などを担当し、合議制に基づいて政治を行いました。

○ そのとおり。これを元寇といい、第1回（1274年）を「文永の役」、第2回（1281年）を「弘安の役」と呼びます。

○ そのとおり。後醍醐天皇側について倒幕派となった御家人のうち、足利高氏が幕府の監視機関である六波羅探題を、新田義貞が鎌倉へ攻め込み、討幕を成し遂げました。ちなみに討幕の功績により、足利高氏は後醍醐天皇の名「尊治」の1字を与えられ、高氏から尊氏へと改名しました。

✕ 源氏ではなく平貞盛と藤原秀郷らに討たれ、乱は失敗に終わりました。

A：守護
B：地頭

社会科学

人文科学

自然科学

日本史

81

□□ **1** 関ヶ原の戦い以後に徳川氏に臣従した大名は譜代と呼ばれ、幕府への反抗を防止するために辺境の遠国に配置され、幕政にも参画できなかった。

□□ **2**
よく出る 参勤交代は、3代将軍徳川家光が制定した武家諸法度において初めて制定された。

□□ **3** 江戸時代の日本は、初代将軍徳川家康の頃から鎖国体制をとっていた。

□□ **4** 新井白石は、長崎貿易における金銀の流出を防ぐため海舶互市新例を制定し、清やオランダとの貿易額を制限した。

□□ **5**
よく出る 徳川吉宗は、寛政の改革で、財政の不足を補うために、大名に1万石につき100石の米を幕府に上納させ、その代わり参勤交代の在府期間を半年に短縮する「上米の制」を実施した。

□□ **6**
よく出る 1858年に結ばれた日米修好通商条約で日本は、アメリカの領事裁判権を認め、関税自主権の放棄を約束した。さらにアメリカに続いてドイツ・ポルトガル・イギリス・フランスとも同様の条約を結んだ。

□□ **7** 松平定信は、（　**A**　）を幕府の正学とし、それ以外の学問を異学として聖堂学問所で講義することを禁止する（　**B**　）の禁を出した。

講師からの
advice

江戸時代は、徳川幕府の基礎を築いた前期、失政と改革の
中期、開国と倒幕の後期にざっくり分けられます。

✕ 外様大名の説明です。譜代大名は、関ヶ原の戦い以前から徳川氏に仕え
ていた大名で、関東や東海、近畿などの要地に配されました。大老や老
中などに任命され、幕政に参画する者もいました。

○ そのとおり。当初の参勤交代は、大名の妻子を江戸に住まわせ、大名に
江戸と領地を1年交代で往復させるというものでした。

✕ 家康の頃は、積極的に外交を推進していましたが、徐々に貿易を統制す
るようになり、3代将軍徳川家光の時代に鎖国体制が完成しました。鎖
国の目的は、幕藩体制を強化するためにキリスト教を禁止し、貿易を独
占することでした。

○ そのとおり。新井白石は海舶互市新例のほか、朝鮮通信使の接待費用を
削減するなど、緊縮財政を断行しました。

✕ 寛政の改革ではなく、享保の改革です。寛政の改革は松平定信が主導し、
囲米の制や旧里帰農令などの政策が行われました。

✕ 後半の記述が違います。日米修好通商条約と同様の条約をオランダ・ロ
シア・イギリス・フランスと締結しました。これを「安政の五か国条約」
といいます。

A：朱子学
B：寛政異学

社会科学

人文科学

自然科学

日本史

4 幕末〜自由民権運動

□□1 **よく出る**
1862年、島津久光の一行が横浜の生麦村でフランス人を殺傷した生麦事件が起こった。

□□2 **よく出る**
五榜の掲示が出された翌日に、五箇条の御誓文が出された。

□□3 **よく出る**
1871年に締結された日清修好条規は、日本にとって最初の対等条約であった。

□□4
1875年にロシアとの間で締結された樺太・千島交換条約では、樺太を日本領、千島列島全島をロシア領とした。

□□5
大久保利通は、自由民権運動を抑えるため大阪会議を開き、そこで板垣退助と木戸孝允の参議復帰の決定と、立憲政体樹立の詔が発せられた。

□□6
1874年に、江藤新平や副島種臣らは、国会の開設を要求する民撰議院設立の建白書を左院に提出した。

□□7
大村益次郎の構想をもとに、（ **A** ）は兵制の統一と近代化、軍事力の早急な確立を目指し、新政府は1873年に徴兵令を出した。国民皆兵を原則として満（ **B** ）歳以上のすべての男子に兵役の義務を課した。

時代の大きな転換点です。プロセスを意識しながら学習し
ましょう。

✕ 生麦事件は、イギリス人を殺傷した事件です。翌年、薩摩藩とイギリス
との間で薩英戦争が起こりました。

✕ 順番が逆です。五箇条の御誓文（＝新政府の方針）が発布された翌日に
五榜の掲示（＝幕府の民衆統制の政策）が出されました。

○ そのとおり。関税率を最低とし、また相互に開港して領事裁判権を認め
合うことなどを定めており、日本が外国と結んだ最初の対等条約でし
た。

✕ 樺太・千島交換条約では、樺太をロシア領、千島列島全島を日本領とし
ました。

○ そのとおり。大阪会議により、自由民権運動はやや下火になりました。

○ そのとおり。この建白書は政府の藩閥専制を激しく攻撃し、民撰議院
（＝国会）を開設し世論を政治に反映させるべきであると主張しました。

A：山県有朋
B：20

社会科学

人文科学

自然科学

日本史

5 | 明治～昭和時代

□□ 1 条約改正交渉において、外務大臣の陸奥宗光は、日英通商航海条約を締結し、領事裁判権の撤廃と関税自主権の欠如の一部撤廃を達成した。

□□ 2
よく出る
日清戦争に勝利した日本は、ポーツマス条約において、台湾・遼東半島・澎湖諸島を清から獲得した。

□□ 3 日露戦争開戦前の日本の世論は、非戦論が主流であった。

□□ 4 第一次世界大戦時において、日本の大隈内閣（第2次）は、中国の袁世凱政府に対して二十一カ条の要求を突きつけ、要求の大部分を認めさせた。

□□ 5
よく出る
第一次世界大戦後において、ワシントン海軍軍縮条約が締結されたが、これは補助艦の建造を禁止するなど、世界的に海軍兵力の削減が図られた。

□□ 6 佐藤栄作内閣は、沖縄返還協定を結び、翌年の協定発効をもって沖縄の日本復帰が実現されたが、広大なアメリカ軍基地は存続することになった。

□□ 7
よく出る
1972年に発足した田中角栄内閣は、同年9月、北京で（　**A**　）を発表し中華人民共和国との国交が正常化した。さらに、1976年に発足した福田赳夫内閣は1978年に（　**B**　）を締結し、これによって日中の国交が正式に回復した。

講師からの
advice

富国強兵政策で急速な近代化と領土拡大を進めた時代です。試験では大陸進出と不平等条約の改正が頻出！

○ そのとおり。なお、関税自主権の欠如の完全撤廃は、小村寿太郎が外務大臣のときです。

× 日清戦争の講和条約は下関条約です。なお、その後、ロシア・ドイツ・フランスの3国が遼東半島の清への返還を要求した三国干渉が起きました。

× 日清戦争後の三国干渉により、日本の世論は反ロシアとなります。その結果、主戦論（開戦しようという考え）が主流となり日露戦争に突入します。

○ そのとおり。これによって、アメリカは対日不信を強めることになりました。

× ワシントン海軍軍縮条約は、主力艦の建造を10年間禁止するものでした。なお、補助艦については、ロンドン海軍軍縮条約において、保有量の比率が決められました。

○ そのとおり。沖縄の基地問題は現在も続いています。

A：日中共同声明
B：日中平和友好条約
日中共同声明と日中平和友好条約の順番を間違えないように注意しましょう。

社会科学

人文科学

自然科学

日本史

見て覚える！まとめノート〈日本史〉

1　公地公民制の崩壊（奈良時代）

710年	平城京に遷都
723年	三世一身の法：新たに灌漑施設を設けて未開地を開墾した場合は、三世代の間（本人−子−孫or子−孫−ひ孫）、土地を私有できる。→公地公民制の崩壊
743年	墾田永年私財法：開墾した田の永久私有を認める。

2　承平・天慶の乱（平安時代）

承平の乱 （935年）	下総を根拠地とする平将門が起こした反乱。939年には関東8ヵ国を攻め落として、自らを新皇と称したが、940年に平貞盛や藤原秀郷らに討たれた。
天慶の乱 （939年）	伊予（現愛媛県）の役人だった藤原純友が、瀬戸内海の海賊を率いて起こした反乱。伊予や大宰府を攻め落としたが、941年に源経基らに討たれた。

3　鎌倉新仏教

宗派名	創始者	特徴
浄土宗	法然	『選択本願念仏集』、知恩院、専修念仏
浄土真宗（一向宗）	親鸞	『教行信証』、本願寺、悪人正機説
時宗	一遍	清浄光寺、踊念仏
日蓮宗（法華宗）	日蓮	『立正安国論』、久遠寺、題目
曹洞宗	道元	『正法眼蔵』、永平寺、坐禅を重視（只管打坐）
臨済宗	栄西	『興禅護国論』、建仁寺、公案禅

4 応仁の乱（室町時代：1467〜77年）

8代足利義政の治世。
背景：将軍家の相続争い（足利義視と足利義尚）と管領家畠山・斯波氏の家督相続争い

経過：
- 東軍（細川勝元軍）− 義視、斯波義敏、畠山政長
- 西軍（山名持豊軍）− 義尚、斯波義廉、畠山義就

結果：
- 勝敗はつかなかったが、義尚が9代将軍となる。
- 幕府の権威低下
- 守護大名の没落
- 下克上（戦国時代）の時代へ

5 江戸の三大改革と田沼政治 （90ページに続く）

改革名	中心人物	政策
享保の改革	徳川吉宗	● 上米の制：大名から石高1万石について100石を献上させ、そのかわりに参勤交代の負担を緩めた。 ● 足高の制：役職の石高を決め、在職中だけ不足分を支給。 ● 定免法：過去数年の収穫高を基準に年貢を定める（検見法から定免法へ）。 ● 公事方御定書：裁判・刑罰の基準を定める。 ● 目安箱：庶民の投書箱。小石川養生所などが作られた。 ● 相対済まし令：金銭貸借訴訟は当事者間で解決させる。
田沼時代	田沼意次	● 株仲間の積極公認→運上金・冥加金 ● 印旛沼・手賀沼の干拓事業→洪水や意次の失脚で失敗 ● 最上徳内の千島探検→意次の失脚で中止

見て覚える！まとめノート〈日本史〉

5 江戸の三大改革と田沼政治 (続き)

改革名	中心人物	政策
寛政の改革	松平定信	● 囲米の制：飢饉対策のために米穀の貯蓄→社倉・義倉の設置。 ● 七分金積立：町費の節約分の70％を積み立てる→蓄えた米穀で飢饉や災害時に貧民を救済 ● 棄捐令：旗本・御家人の6年以上前の借金を帳消し ● 旧里帰農令：江戸に流入した農民に帰農を勧める。 ● 人足寄場：石川島に設けた職業訓練施設。 ● 寛政異学の禁：朱子学を正学とし、その他の異学を学ぶことを禁止した。
天保の改革	水野忠邦	● 風俗の取締り→柳亭種彦や為永春水らを処罰。 ● 人返しの法：出稼ぎの禁止。農民の強制帰郷。 ● 株仲間の解散→自由競争の奨励。 ● 上知令：江戸・大坂周辺の大名領や旗本領を直轄化しようとしたが、反対により撤回→忠邦失脚の原因となった。

6 条約改正交渉 (右ページに続く)

担当者	内容
岩倉具視	予備交渉→失敗　岩倉遣外使節団
寺島宗則	関税自主権回復交渉→失敗　イギリス、ドイツの反対
井上馨	治外法権撤廃交渉→失敗　欧化政策（鹿鳴館の建設）に対する批判
大隈重信	治外法権撤廃交渉→失敗　大審院に限り外国人判事を任用する案→玄洋社の社員に襲われ負傷→辞任

6 条約改正交渉 (続き)

担当者	内容
青木周蔵	治外法権撤廃交渉→失敗　イギリスが同意するも、大津事件により青木が辞任
陸奥宗光	治外法権撤廃交渉→成功　日英通商航海条約締結　治外法権完全回復と関税自主権の一部回復
小村寿太郎	関税自主権撤廃交渉→成功　日米通商航海条約締結　関税自主権完全回復

7 第二次世界大戦後の内閣

内閣	年	主要な政策
吉田茂内閣	1951 1954	サンフランシスコ平和条約・日米安全保障条約調印 自衛隊発足（警察予備隊→保安隊→自衛隊）
鳩山一郎内閣	1956	日ソ共同宣言^(※)→国交回復　国連加盟 ※戦争状態終了、将来の歯舞群島・色丹島返還（平和条約締結が条件）、国連加盟支持
岸信介内閣	1960	日米新安保条約調印^(※)→安保闘争 ※アメリカの日本防衛義務、在日米軍の軍事行動に対する事前協議制、相互の防衛力強化、条約期限10年、日米経済協力の促進
池田勇人内閣	1960	国民所得倍増計画^(※)→高度経済成長へ ※10年間で所得を2倍にする
佐藤栄作内閣	1965 1971	日韓基本条約調印 →日本は韓国を「朝鮮にある唯一の合法的な政府」と認めた。 沖縄返還協定→翌年返還 ＊奄美諸島は1953年、小笠原諸島は1968年に返還された。
田中角栄内閣	1972 1973	日中共同声明 →1978年日中平和友好条約（福田赳夫内閣） ＊これにより、台湾と国交断絶 オイルショック（第一次）

1 大航海時代〜絶対王政

□□ **1** 1492年、コロンブスはポルトガル女王の援助のもと西インド諸島に到達した。

□□ **2** 教皇レオ10世が免罪符を販売したことに対し、マルティン・ルターは『九十五か条の論題』を発表してこれを批判した。
よく出る

□□ **3** スイスでは、カルバンが『キリスト教綱要』を著し、ジュネーブで宗教改革を行った。

□□ **4** 大航海時代に「太陽の沈まぬ国」として名高かったスペインは、1571年にレパントの海戦でオスマン帝国に敗れると急速に衰退していった。
よく出る

□□ **5** 16世紀後半のフランスでは、ユグノーと呼ばれたカルバン派とカトリックが対立し、ユグノー戦争が起きたが、ナントの王令で信仰の自由が認められ、宗教戦争は終結した。

□□ **6** 17世紀には、ヨーロッパ内で新教国と旧教国が対立した三十年戦争が起き、フランスなどの新教国側が勝利し、旧教国である神聖ローマ帝国は崩壊した。

□□ **7** フランスは、ルイ13世の時代になると、三部会の招集が停止された。また、宰相の（ **A** ）は大貴族やユグノーをおさえて王権の強化をはかり、ハプスブルク家に対抗して三十年戦争にも介入した。ついで幼くして即位したルイ14世を宰相の（ **B** ）が補佐し、王権の伸長に反対する貴族が起こしたフロンドの乱を鎮圧した。
よく出る

講師からの advice

近代国家の基礎となる主権国家体制が築かれた時代です。

✕ コロンブスを援助したのはスペイン女王のイサベルです。

○ そのとおり。教皇レオ10世はサン・ピエトロ大聖堂の修築資金を得るために免罪符を販売しました。

○ そのとおり。カルバンは『キリスト教綱要』の中で「予定説」を主張し、人の救済は神にあらかじめ定められているとしました。

✕ レパントの海戦でスペインは勝利しています。スペインの衰退は、イギリスの無敵艦隊（アルマダ）に敗れたことが原因だといわれています。

○ そのとおり。アンリ４世が発布したナントの王令は、フランス国内でユグノー（新教徒）の信仰の自由を認める内容で、これによって宗教戦争は終結しました。

✕ 三十年戦争では、フランスは旧教国ですが、新教国勢を支援し、参戦しました。また、神聖ローマ帝国が崩壊したのは1806年（19世紀）です。

A：リシュリュー
B：マザラン

2 近代市民改革

□□ **1**
イギリスにおいては、チャールズ1世が議会を無視して専制政治を行ったため、議会はチャールズ1世に「権利の請願」を提出して、議会の承認なしに税を徴収しないことを求めた。

□□ **2**
よく出る
1765年、イギリスが印紙法を制定し、アメリカ（植民地）に新たな課税を行うと、植民地側は「代表なくして課税なし」と唱えて激しく抵抗したが、イギリスはアメリカが独立するまで印紙法を廃止することはなかった。

□□ **3**
よく出る
アメリカ独立戦争が勃発すると、フランスやスペインはイギリス側に立って参戦し、その他のヨーロッパ諸国はロシアのエカチェリーナ2世が提唱した武装中立同盟を結んだため、アメリカは苦戦した。

□□ **4**
よく出る
フランス革命前のフランスにおいて国民は、聖職者（第一身分）、貴族（第二身分）、平民（第三身分）に分けられており、平民は重税を課せられて苦しい生活を送っていた。

□□ **5**
ナポレオンは、ライプチヒの戦いで周辺諸国に敗北し、南大西洋上の孤島セントヘレナに流された。

□□ **6**
ピューリタン革命後、議会派のクロムウェルが中心となり、国王に対し権利の請願を認めさせ、共和政を樹立した。

□□ **7**
アメリカで独立革命が勃発すると、（　**A**　）が『コモン・センス』というパンフレットを発表して独立の気運を盛り上げた。また、（　**B**　）らが起草した『独立宣言』は、国民の平等権・自由権・主権在民などの基本的人権を示した。

講師からの
advice

「ピューリタン革命」「アメリカ独立革命」「フランス革命」
どれも重要です。発生の経緯と結末を整理して覚えよう。

○ そのとおり。ピューリタン（清教徒）革命においては、「権利の請願」
「権利の宣言」「権利の章典」と3つの似た言葉が出てきます。混同しな
いように注意しましょう。

✕ 印紙法は、制定の翌年に廃止されました。

✕ フランスやスペインは植民地（アメリカ）側に立ちました。さらに、ロ
シア等による武装中立同盟によってイギリスは孤立しました。

○ そのとおり。この身分制を「アンシャンレジーム（旧制度）」といいます。

✕ ライプチヒの戦いに敗れたナポレオンはエルバ島に流されました。その
後、ワーテルローの戦いにおいて再び敗北し、セントヘレナ島に追放さ
れ、51歳で没しました。

✕ 権利の請願（1628年）は、ピューリタン革命前のものです。なお、ピュー
リタン革命は1640年に始まります。

A：トマス・ペイン
B：トーマス・ジェファーソン

社会科学

人文科学

自然科学

世界史

3 帝国主義〜第一次世界大戦

□□**1** 帝国主義時代のイギリスは、東アフリカからインド洋にかけての通商貿易の独占と制海権を獲得することを目的に３Ｃ政策を推し進めた。

□□**2** 帝国主義時代のフランスは、アフリカ北部と南部を植民地化し、その後南北を連結しようとするアフリカ縦断政策を推し進めた。

□□**3** **よく出る**
ファショダ事件後の英仏協商により、フランスはエジプトでの優越権、イギリスはモロッコでの優越権が認められた。

□□**4** パン・ゲルマン主義は、ドイツが主張したもので、ゲルマン民族の団結・生活圏の拡大を図ろうとした政策である。

□□**5** **よく出る**
ロシアは、第一次世界大戦を戦い抜き、戦勝国となった。

□□**6** **よく出る**
1914年に第一次世界大戦が始まると、アメリカは直ちに参戦し、イギリスやフランスに物資や資金を提供した。

□□**7** 第一次世界大戦前、ドイツは、オーストリア、イタリアと（　Ａ　）を結び、イギリスは、フランス、ロシアと（　Ｂ　）を結んで、（　Ａ　）と（　Ｂ　）の対立構造ができあがった。

第一次世界大戦は史上初の世界戦争で試験にもよく出ます。
開戦までの経緯や各国の立場をしっかり押さえましょう。

〇 そのとおり。3Cとは、エジプトのカイロ、インドのカルカッタ、南ア
フリカのケープタウンを指します。ちなみにこの時代、ドイツ帝国はベ
ルリン、ビザンティウム、バグダッドの3つの都市の頭文字をとって名
付けられた「3B政策」を展開していました。

✕ アフリカ縦断政策はイギリスの政策です。フランスが推し進めたのは、
アフリカ横断政策です。

✕ 英仏協商では、エジプトでのイギリス、モロッコでのフランスの優越権
が相互に認められました。なお、ファショダ事件とはアフリカ進出を行っ
ていたイギリスとフランスがスーダンで衝突し、戦争が起きかけた事件
であり、アフリカ分断のきっかけとなりました。

〇 そのとおり。なお、パン・スラブ主義は、ロシアが主張したもので、ス
ラブ民族の独立・団結などを主張したものです。

✕ 1918年3月に、ドイツとブレスト・リトフスク条約を締結し、単独講
和しています。第一次世界大戦は同年11月まで続いているので、途中
で離脱したことになります。

✕ アメリカは開戦当初、中立の立場をとっており、1917年に連合国側で
参戦しました。

A：三国同盟
B：三国協商

社会科学

人文科学

自然科学

世界史

4 中国の諸王朝①

□□1 万里の長城は、秦の時代に完成した。

□□2 前漢の武帝は、地方の優秀な人材を地方長官が推薦して中央の官僚とする「郷挙里選」と呼ばれる官吏登用制度を作った。

□□3
よく出る 後漢は、184年に起きた紅巾の乱により弱体化し、220年に滅亡した。

□□4
よく出る 隋は、大運河を建設するための大土木事業や、2度にわたる高句麗の遠征に失敗したことにより、農民に重税を課したことがきっかけで起きた反乱により滅亡した。

□□5 唐の6代皇帝玄宗は、律令体制の立て直しをはかり、開元の治とよばれる全盛期を現出させた。

□□6 宋では均田制、租庸調制、府兵制が整えられたが、次第に財政状態が悪化すると、租庸調制にかわって両税法が施行された。

□□7
よく出る 唐は、751年に（　A　）の戦いでイスラム勢力に敗れたが、このときに（　B　）が西方に伝わったとされる。

各王朝の「出来事」と「滅亡の理由」について押さえておきましょう。

○ そのとおり。万里の長城は秦の始皇帝が作りました。ちなみに、中国の歴代王朝には「秦」「新」「晋」「清」と4つの「しん」があるので、混同しないように注意しましょう。

○ そのとおり。なお、官吏登用制度は、魏の時代に「九品中正」となり、隋の時代に「科挙」へと変遷していきます。

✕ 184年に起きたのは「黄巾の乱」です。紅巾の乱は1351年に起きた、元が滅亡するきっかけとなった反乱です。なお、読み方はどちらも「こうきん」です。

✕ 隋の煬帝は、612年から614年まで、3年連続で3度にわたり遠征軍を送りましたが、高句麗の激しい抵抗にあい、失敗しました。

○ そのとおり。なお、同じ時代に「貞観の治」とよばれる治世がありますが、これは太宗（李世民）によるものです。

✕ 唐についての記述です。ちなみに、両税法は土地の面積や生産力に応じて、夏と秋の年2回、徴収します（銭納）。

A：タラス河畔
B：製紙法
アッバース朝の捕虜になった唐の兵士によって製紙法の技術がイスラム世界に広まったといわれています。

社会科学

人文科学

自然科学

世界史

5 中国の諸王朝②

□□ 1 明の農村統治政策において、土地台帳の賦役黄冊や戸籍・租税台帳の魚鱗図冊を作成させた。

□□ 2 明の永楽帝は、都を北京に移し、イスラム教徒の宦官、鄭和に南海遠征を行わせた。

□□ 3 清の康熙帝は、ロシアとキャフタ条約を結び、中国東北部の国境線を定めた。
よく出る

□□ 4 イギリスは、清との貿易不均衡を是正するために三角貿易を行い、インドのアヘンを清へ、清の茶などをイギリスへ、イギリスの綿製品をインドへ輸出した。
よく出る

□□ 5 洪秀全が起こした太平天国の乱では、「扶清滅洋」をスローガンに掲げて清朝の打倒を目指したが、鎮圧された。
よく出る

□□ 6 ヌルハチは、白蓮教徒が起こした紅巾の乱を主導し、唐の勢力を中国から追放し、明を建国した。

□□ 7 1911年7月、清朝は鉄道を国有化し、それを担保に外国から借款を得ようとしたが、これが国民の怒りをよび、1911年10月、武昌で軍隊が蜂起して（　**A**　）が起こった。革命はたちまち広がり、1912年1月には南京に（　**B**　）を臨時大総統とする（　**C**　）が成立した。

講師からの
advice

明・清は世界史の中でも重要です。
この時代に起こった出来事と結果を整理しましょう。

社会科学

人文科学

自然科学

✕ 賦役黄冊と魚鱗図冊の説明が逆です。ちなみに明は、里甲制と呼ばれる地方自治制度を実施したり、六諭を公布して民衆の教化を図ったりもしました。

○ そのとおり。南海遠征の結果、南海諸国の朝貢が相次ぎ、貿易が活発になりました。

✕ 康熙帝がロシアと結んだのはネルチンスク条約です。キャフタ条約は雍正帝がロシアと結んだもので、モンゴルにおける国境線を確定しました。

○ そのとおり。この結果、アヘンが流入した清国内の治安が悪化し、林則徐によるアヘンの没収・廃棄処分の結果、アヘン戦争が勃発しました。

世界史

✕ 「扶清滅洋」は義和団の乱のスローガンです。太平天国の乱は「滅満興漢」です。

✕ 紅巾の乱を主導し、明を建国したのは朱元璋です。洪武帝として即位しました。なお、ヌルハチは清の初代皇帝です。

A：辛亥革命
B：孫文
C：中華民国

見て覚える！まとめノート〈世界史〉

1 十字軍（1096〜1270年）

原因	聖地エルサレムがセルジューク朝に占領されたため、ビザンツ皇帝がローマ教皇ウルバヌス2世に救援を要請。これを受けて、クレルモン公会議により、十字軍の派遣が決定した。
経過	全部で7回派遣されたが、ほとんど失敗に終わった。
影響	①教皇の権威失墜 　当初は権威が高まったが、結局失敗に終わったため。 ②諸侯や騎士の没落と王権の伸張 　諸侯や騎士は、十字軍に参加したことで大きな犠牲を払い、勢力を失った。逆に、これまで失墜していた王権が回復した。 ③都市の繁栄 　北イタリアの諸都市は、東方に商圏を拡大し、東方貿易によって莫大な富を得るようになった。 ④荘園制の変化 　荘園の中には、領主の直営地を農民に貸し出し、賦役の代わりに地代を貨幣でとるようになった。

2 ドイツの宗教改革

背景	教皇レオ10世がサン・ピエトロ大聖堂の修築資金を得るために免罪符をドイツで売り出した。
ルター	教会による免罪符の販売に対し、マルティン・ルターは『九十五か条の論題』を発表して免罪符の販売を批判した。
ヴォルムス帝国議会 (1521年)	神聖ローマ皇帝カール5世は、ルターに諸説^(※)の取り消しを求めたが、ルターが拒否→ルター派の禁止。 ※信仰義認説：人が神によって救われるのは信仰によってのみである。 ※聖書第一主義：聖書を信仰の唯一のよりどころとする。
ドイツ農民戦争 (1524年)	トマス・ミュンツァーが指導。ルターは最初農民に対して同情的であったが、後に鎮圧側に転じた。
アウクスブルクの宗教和議 (1555年)	帝国議会がルター派の信仰を容認。カトリック派とルター派の選択権は各都市・領主にあり、個人にはない。

見て覚える！まとめノート〈世界史〉

③ イギリス市民革命（ピューリタン革命）

背景	権利の請願^(※)を無視したチャールズ1世が専制政治を強行。王党派と議会派の内戦へ。 ※議会の承認なしに税を徴収しないことなどを求めた。
ピューリタン革命 （1642〜49年）	クロムウェルの主導でチャールズ1世を処刑、共和政を樹立。 しかし、クロムウェルは独裁を強め、さらに護国卿となって、独裁を強化した。 クロムウェルの死後、穏健派議会による王政復古を行った（チャールズ2世即位）。
名誉革命 （1688〜89年）	チャールズ2世が再び専制政治を行い、カトリックの復活を図ったため、議会は審査法^(※)と人身保護法^(※)を制定して対抗。 ※審査法：公職はイギリス国教徒に限る。 ※人身保護法：国民の不当な逮捕を禁止。 さらに、チャールズ2世を継いだジェームズ2世も引き続き専制政治を行ったので、議会は、国王の娘（メアリ）と夫のオラニエ公ウィリアムをオランダから招聘。結果、国王は亡命し、2人は議会の提出した「権利の宣言^(※)」を承認した上で、ウィリアム3世、メアリ2世として王位に就いた。 ※議会の権力は、国王の権力に優越するという内容。 　これを成文化したものを「権利の章典」という。

4 アメリカ独立革命

背景	本国イギリスの重商主義政策^(※)にアメリカ（植民地）が反発。 ※印紙法（翌年撤廃）→「代表なくして課税なし」 ※茶法：茶の独占販売権を東インド会社に与えた。
ボストン茶会事件 **（1773年）**	ボストンに入港していた東インド会社の船を襲った事件（茶法に対する反発）→イギリス本国政府は制裁を科す。
アメリカ独立戦争 **（1775～83年）**	● 原因：レキシントンの戦い（植民地軍の武器庫を本国政府が襲撃） ● フランス・スペインは植民地側で参戦。ロシアは武装中立宣言。
トマス・ペイン	『コモン・センス』を著し、独立の機運を盛り上げた。
トーマス・ジェファーソン	独立宣言を起草。ロックの思想の影響を強く受け、国民の平等権・自由権・主権在民などの基本的人権を示した。
パリ条約 **（1783年）**	イギリスが独立を承認。ミシシッピ川以東のルイジアナを割譲。
合衆国憲法 **（1787年）**	憲法制定後、ワシントンが初代大統領に就任。三権分立・連邦制

社会科学

人文科学

自然科学

世界史

1 地形・土壌・地図

□□ 1 先カンブリア時代の造山運動を経て、その後はずっと安定している大地を安定陸塊と呼び、世界の鉄鉱石の埋蔵がこの地域に集中している。

□□ 2 後背湿地とは、河川氾濫時の土砂が両岸に堆積した微高地で、集落や畑などに利用される。

□□ 3 リアス海岸とは、山地の侵食が進行して、深く刻まれた谷に海水が侵入してできた屈曲の著しい複雑な海岸のことである。
よく出る

□□ 4 テラロッサは、玄武岩が風化してできた赤紫色の肥沃な土壌である。
よく出る

□□ 5 メルカトル図法では、緯線は高緯度ほど間隔の広がる平行線で、経線は等間隔の平行する直線となる。

□□ 6 ラトソルは、冷帯のタイガ地域に分布する酸性の強い灰白色土であり、低温のため有機質の分解が進まず、農耕には適さない。
よく出る

□□ 7 扇状地は、河川によって運ばれた土砂が堆積してできた土地である。扇状地の頂点(山側)を「(**A**)」、中央部を「(**B**)」、末端部を「(**C**)」と呼ぶ。また(**B**)では河川水は伏流し(**D**)になることが多い。

講師からの
advice

土壌は、次テーマの「気候区分」とも関係するので、特徴
をしっかり押さえましょう。

〇 そのとおり。なお、古期造山帯においては石炭、新期造山帯においては
石油の産出が見られます。

✕ 自然堤防の説明です。後背湿地とは、自然堤防の外側にみられる低湿地
で、水田耕作に適しています。

〇 そのとおり。このほかにも、エスチュアリー（三角江）、フィヨルド（峡
湾）についてもチェックしておきましょう。

✕ テラローシャの説明です。ブラジル高原南部にみられ、コーヒーが栽培
されています。一方、テラロッサは、石灰岩が風化してできた赤褐色の
土で、あまり肥沃ではなく、ぶどうなど果樹栽培に利用されています。

〇 そのとおり。なお、経線と緯線は直角に交わり、地図上の2点を結ぶ直
線は最短距離ではなく、経線と同じ角度で進む等角航路を示します。

✕ ポドゾルの説明です。ラトソルは、熱帯雨林など湿潤地域に分布する赤
色のやせた土壌で、農耕には適しません。

A：扇頂
B：扇央
C：扇端
D：水無川

社会科学

人文科学

自然科学

地理

2 気候区分

□□ 1
よく出る
サバナ気候は、丈の高い草原と疎林の地域で、1年中高温で雨季と乾季に分かれ、気温の年較差は小さい。

- -

□□ 2
乾燥帯のうち、年間降水量が250mmを下回ると、その地域はステップ気候に区分される。

- -

□□ 3
よく出る
地中海性気候では、夏は降水量が少なく乾季となり、冬は湿潤で温暖な雨季となる。

- -

□□ 4
よく出る
温暖湿潤気候は、偏西風の影響で気温の年較差が小さく、四季を通じて温和であり、降雨は一定している。

- -

□□ 5
ツンドラ気候は、最も暖かい月の平均気温が0℃以上10℃未満で、夏になると凍土層の表面が溶けて湿地帯となり、地衣類や蘚苔類が生える。

- -

□□ 6
熱帯モンスーン気候は、赤道付近の低緯度で熱帯雨林気候区に隣接し、短く弱い乾季が見られ、アジアでは季節風(モンスーン)の影響が強い地域に分布する。

- -

□□ 7
気候区分のうち、(A)気候は、寒い冬が半年ほど続き、夏は短く冷涼である。降水量はそれほど多くはないが、1年中平均して湿潤である。また、(B)気候は、夏は降水に恵まれるが、短く冷涼である。冬は乾燥し酷寒となり長く、気温の年較差がきわめて大きい。

植生、気温、降水量。このポイントさえ押さえれば大丈夫！

○ そのとおり。サバナ気候は熱帯に属します。ちなみに、丈の低い草原地帯はステップ気候で乾燥帯に属します。比較して覚えましょう。

× 年間降水量250mm未満は砂漠気候です。ステップ気候は、年間降水量が250mm～500mm程度の地域です。

○ そのとおり。なお、代表的な都市として、イタリアのローマやアメリカのサンフランシスコがあげられます。

× 気温・降水量の年較差が小さいのは西岸海洋性気候の特徴です。温暖湿潤気候は、夏は高温で、冬は寒さが厳しく、気温の年較差が大きいのが特徴です。

○ そのとおり。なお、1年中0℃未満の雪と氷におおわれた地域を氷雪気候といい、植物は生えず、人も住めません。

○ そのとおり。なお、代表的な都市として、インドネシアのジャカルタやベトナムのフエがあげられます。古くから開発が進み、アジアでは米作が盛んです。

A：亜寒帯湿潤（冷帯湿潤）
B：亜寒帯冬季少雨（冷帯夏雨）

社会科学

人文科学

自然科学

地理

3 世界の農業地帯・工業地域

□□ **1** 中華人民共和国では、華中・華南地方ではアジア式稲作農業が、東北・華北地方ではアジア式畑作農業が行われている。

□□ **2**
よく出る ドイツは、自作農が多く、経営規模は1戸あたり約60haで、EU最大の農業国である。

□□ **3**
よく出る アメリカ合衆国は、世界最大の農業国で、カナダ国境周辺には春小麦、その南側のカンザス州を中心とした地域では冬小麦、五大湖沿岸では酪農、五大湖の南側付近ではとうもろこしと牧畜を結び付けた商業的混合農業地帯のコーンベルト、その南側にコットンベルトとなっている。

□□ **4**
よく出る フランスは、2度の世界大戦で大打撃を受けたが、「奇跡の復興」をとげ、巨大な独占企業が復活し、重化学工業が発達したEU最大の工業国となった。

□□ **5** 大韓民国は、1960年代以降の外資導入による輸出指向型工業への転向で、「漢江の奇跡」と呼ばれる高度成長を遂げ、工業化の進んだNIEs（新興工業経済地域群）の仲間入りを果たした。

□□ **6** オーストラリアは鉄鉱石やボーキサイトなどの鉱産資源の世界的な生産国であり、大陸の西側を南北に走る新期造山帯のグレートディバイディング山脈には、カッパーベルトと呼ばれる銅鉱の産出地帯がある。

□□ **7** （ **A** ）は、国土の約25%が海面より低く、ポルダー（干拓地）が広がる酪農と園芸農業の国である。（ **B** ）は、平坦で肥沃な土壌を有し、国土の約60%を農用地が占める。農業協同組合によって農業の近代化がはかられ、国際競争力の高い世界的な酪農王国として知られている。

自然条件や経済条件などによって、さまざまな形態の農業・工業が行われています。イメージがつかめるかな？

○ そのとおり。ちなみに、中華人民共和国の米の生産量は世界1位（2021年）です。なお、年間降水量が1,000mm以上の地域では稲作が適しているといわれています。

✕ フランスの説明です。ドイツは、化学肥料の導入や土地改良によって北ドイツ平原の不毛地（ハイデ）の生産性が向上し、ＥＵ第3位の農業国です。農耕と家畜飼育を結びつけた混合農業が盛んです。

○ そのとおり。アメリカでは自然環境に応じた適地適作主義による農業地帯が広がっています。

✕ ドイツの説明です。フランスは、2度の大戦で工業地域を破壊され、戦後、石炭・電力・航空機・自動車などの基幹産業を国有化しましたが、1986年以降、高収益企業の民営化を行いました。

○ そのとおり。ドイツの「奇跡の復興」と間違いやすいので注意しましょう。

✕ カッパーベルトとは、アフリカ中南部の銅山地帯をいいます。また、グレートディバイディング山脈は大陸の東側を南北に走る古期造山帯です。

A：オランダ
B：デンマーク

4 資源

☐☐ **1** 2021年の米の生産量世界第1位は中国である。

☐☐ **2** 2021年のとうもろこしの生産量世界第1位は中国である。

☐☐ **3** 2021年のコーヒー豆の生産量は、第1位のブラジルと第2位のベトナムで世界の4割以上を占める。

☐☐ **4**
よく出る
2022年の原油の埋蔵量世界第1位はサウジアラビアである。

☐☐ **5**
よく出る
フランスの電源構成をみると、火力が全体の約7割を占める。

☐☐ **6**
よく出る
2022年の鉄鉱石の埋蔵量世界第1位はオーストラリアである。

☐☐ **7** 2021年のオリーブの生産量トップ3は、(**A**)、イタリア、トルコで、同じくカカオ豆の生産量トップ3は、(**B**)、ガーナ、インドネシアとなっている。

講師からの
advice

主要資源の生産量・埋蔵量ランキングを確認しておきましょう。ただし範囲が広すぎるので、過去問レベルでOK！

○ そのとおり。2021年の米の生産量トップ3は、中国（27.0%）、インド（24.8%）、バングラデシュ（7.2%）です。

✕ 2021年のとうもろこしの生産量トップ3は、アメリカ（31.7%）、中国（22.5%）、ブラジル（7.3%）です。

○ そのとおり。2021年のコーヒー豆の生産量トップ5は、ブラジル（30.2%）、ベトナム（18.6%）、インドネシア（7.7%）、コロンビア（5.7%）、エチオピア（4.6%）で、ブラジルとベトナムで全世界の48.8%を占めます。

✕ 2022年の原油の埋蔵量トップ3は、ベネズエラ（17.5%）、サウジアラビア（17.2%）、カナダ（9.7%）となっており、長らく第1位だったサウジアラビアは2010年以降第2位となっています。ちなみに、原油の産出量でみると、"シェール革命"が起こったアメリカが第1位です。続いて第2位がロシア、第3位がサウジアラビアとなります。

✕ 2021年のフランスの電源構成は、原子力（68.3%）、水力（11.5%）、火力（8.4%）、再生可能エネルギー（11.8%）となっており、原子力が大部分を占め、火力への依存度が低いのが特徴です。

○ そのとおり。2022年の鉄鉱石の埋蔵量のトップ3は、オーストラリア（31.8%）、ブラジル（17.6%）、ロシア（16.5%）です。ちなみに、鉄鉱石の産出量トップ3はオーストラリア、ブラジル、中国です。

A：スペイン
B：コートジボワール
オリーブの生産量は常にスペインがトップですが、輸出量に関しては年によってはイタリアがスペインを上回ることもあります。このほか農作物に関しては、綿花、小麦、大豆も頻出です。

社会科学

人文科学

自然科学

地理

113

見て覚える！まとめノート〈地理〉

① ケッペンの気候区分

※熱帯モンスーン気候と寒帯は、出題可能性が低いので取り上げません。

①熱帯

気候区	特徴	分布	植生	土壌
熱帯雨林気候 (Af)	年中降雨があり、暑い。気温の年較差が小さい。	コンゴ川中上流域、アマゾン川中流域、東南アジア島嶼部など	常緑広葉樹の熱帯雨林（樹種が豊富で硬木が多い）アマゾン川流域ではセルバ、アフリカではジャングル	ラトソル（やせている）
サバナ気候 (Aw)	夏は赤道低圧帯の影響で雨季に、冬は中緯度高圧帯の影響で乾季にわかれる。	インド半島の大部分、インドシナ半島、ブラジル高原、アフリカ中央部など	疎林と長草草原 アフリカではサバナ、ブラジル高原ではカンポ、ベネズエラの一部でリャノ	ラトソル 赤色土 レグール（玄武岩が風化。肥沃） テラローシャ（玄武岩・輝緑岩が風化）

②乾燥帯

気候区	特徴	分布	植生	土壌
砂漠気候 (BW)	年降水量250mm以下 気温の日較差大	回帰線付近	オアシス以外は植生なし なつめやし	砂漠土（塩害になりやすい）
ステップ気候 (BS)	年降水量250mm〜500mmくらい 長い乾季と短い雨季	砂漠気候周辺 アジア内陸部、北米西部（グレートプレーンズ）、オーストラリア内陸部、アルゼンチンの乾燥パンパなど	ステップ（短草草原）小麦の栽培	チェルノーゼム（黒土・肥沃）栗色土（比較的肥沃）

③温帯

気候区	特徴	分布	植生	土壌
地中海性気候 (Cs)	夏：高温少雨 →乾燥 冬：温暖多雨 →湿潤	地中海沿岸 カリフォルニア チリ中部 南アフリカ南西部 オーストラリア南西部・東部	オリーブ・コルクがしなどの硬葉樹	テラロッサ （石灰岩が風化）
温暖冬季少雨気候 (Cw)	夏：高温多雨 →湿潤 冬：温暖少雨 →乾燥	華南 アフリカ中南部	常緑広葉樹 （照葉樹）	赤色土 黄色土
温暖湿潤気候 (Cfa)	四季が明瞭 年較差大 夏：高温多雨 →湿潤 冬：低温少雨 →乾燥	日本・北アメリカ南東部・南アフリカ東部	常緑広葉樹 落葉広葉樹 針葉樹	褐色森林土 （落葉の腐食で比較的肥沃） パンパ土 プレーリー土
西岸海洋性気候 (Cfb)	気温・降水量の年較差小 夏：冷涼 冬：温暖	中・高緯度の大陸西岸 西ヨーロッパ・ニュージーランド・オーストラリア南東部	落葉広葉樹	褐色森林土 （肥沃）

④冷帯

気候区	特徴	分布	植生	土壌
亜寒帯湿潤気候 (Df)	気温の年較差大 年中降水	シベリア西部 北アメリカ北部 南半球には分布しない	タイガ（カラマツなど） 混合林	ポドゾル（酸性が強く農業に不適）
亜寒帯冬季少雨気候 (Dw)	気温の年較差大 冬：シベリア高気圧の影響で寒冷乾燥	中国東北部 ロシア東部 南半球・北アメリカ大陸には分布しない	タイガ（カラマツなど） 混合林	ポドゾル

1 西洋・東洋の思想

□□ 1 ソクラテスは、人間としての生き方は、自己の無知を自覚して知を愛し求めること、すなわち「無知の知」にあると考えた。

□□ 2 プラトンは、人間はポリス（都市国家）のなかで初めて自己
よく出る の本性を完成しうる動物であると考え、「人間はポリス的動物である」と規定した。

□□ 3 ベーコンは、経験論の祖と呼ばれ、「知は力なり」という言葉を残した。

□□ 4 ホッブズは、権力分立の概念を提唱した。
よく出る

□□ 5 孟子は、人間には本性として、他人の不幸を見過ごすことの
よく出る できない心が備わっているとして、性善説を唱えた。

□□ 6 韓非子は、刑罰や道徳に基づいて国家を治める法治主義を説き、為政者が褒美や罰を用いて臣下を操ることの必要性を強調した。また、戦争の理論や戦術を研究し、国が富国強兵を図る道を説いた。

□□ 7 中国春秋時代の思想家（　**A**　）は、人知にとらわれず、作為によらず、私利私欲などの自我にとらわれず、自然の道に従い、これと一体となって生きることを（　**B**　）と呼んだ。

講師からの
advice

「人物」「著書」「名言」のどれかを入れ替えたひっかけに
要注意！

○ そのとおり。なお、ソクラテスには著作はありません。これらの言葉は、
弟子であるプラトンの著作（『ソクラテスの弁明』）で知ることができま
す。

× アリストテレスの説明です。プラトンは、「イデア」や「哲人政治」な
どの言葉を残しています。

○ そのとおり。本問のほかに「イドラ」や「帰納法」などの言葉を残して
います。

× 権力分立は、ロックが提唱した概念です。ホッブズは、自然状態を「万
人の万人に対する闘争」状態としました。

○ そのとおり。なお、性悪説は荀子が唱えました。

× 「道徳」に基づく国家統治は、「徳治主義」と呼ばれ、孔子が唱えました。

A：老子
B：無為自然

社会科学

人文科学

自然科学

思想・文芸

2 日本の思想

1 賀茂真淵は、古事記を研究し、『古事記伝』を著し、古道を明らかにした。

2 石田梅岩は、生産活動を行わないとして商人が蔑まれてきたことを批判し、「売利を得るは商人の道」と主張した。

3 福沢諭吉は、『学問のすすめ』において、すべての人間は平等であり、生まれながらにして平等に人権を持っているという「天賦人権思想」を主張した。

4 中江兆民は、日露戦争においてキリスト教思想の人道主義の立場から非戦論を唱えた。

5 美濃部達吉は、明治憲法を立憲主義的・自由主義的に解釈し、統治権の主体は国家にあり、天皇は国家の最高機関であるとする「天皇機関説」を主張した。

6 柳田国男は、西洋近代の個人主義を批判し、人間は人と人との「間柄」において存在すると考え、また、著作『風土』で風土と思想との関係を説いた。

7 法然は（　A　）を創始し、往生のための方法として、「南無阿弥陀仏」とひたすら唱えるべしとした。また、親鸞は（　B　）を創始し、往生できるのは念仏によってではなく、ただひたすら阿弥陀仏の救済力にすがり自己をゆだねてこそと主張した（絶対他力）。

講師からの
advice

「人物・著書・発言内容」の組み合わせで覚えましょう。

✕ 本居宣長の説明です。賀茂真淵は、万葉集を研究し、『万葉考』を著しました。

〇 そのとおり。梅岩の著書は『都鄙問答（とひもんどう）』です。

〇 そのとおり。本問の内容を、諭吉は「天は人の上に人を造らず、人の下に人を造らずと云へり」と表現しました。

✕ 内村鑑三の説明です。中江兆民は、ルソーの『社会契約論』を翻訳したことから「東洋のルソー」と呼ばれました。

〇 そのとおり。なお、天皇機関説は、昭和期になって「天皇機関説事件」として軍部などから攻撃されることになりました。

✕ 和辻哲郎の説明です。柳田国男は、文字によって残された資料ではなく、「常民（大多数の無名の人々）」によって受け継がれてきた民間の伝承から日本の伝統文化を明らかにしようとしました（＝民俗学）。著書は『遠野物語』です。

A：浄土宗
B：浄土真宗

社会科学

人文科学

自然科学

思想・文芸

119

3 美術史

□□1
よく出る
「風神雷神図屏風」は、尾形光琳の作である。

□□2
よく出る
「見返り美人図」は、菱川師宣の作である。

□□3
よく出る
「最後の晩餐」は、ミケランジェロの作である。

□□4
「落穂拾い」は、ミレーの作である。

□□5
「睡蓮」は、マネの作である。

□□6
ピカソは、ルネサンス以来の西洋絵画の伝統的な技術であった遠近法や明暗法を排除して、物の形を幾何学的に三次元から二次元で再構築するキュビズムを創始した。

□□7
光と色彩を重んじた明るい絵を描く印象派があらわれ、その中には、「印象、日の出」を描いた（　**A**　）や「ムーラン・ド・ラ・ギャレット」を描いた（　**B**　）などのフランスの画家がいる。

講師からの
advice
教養として持っておきたい知識の一つ。画家と作品名だけ
でなく絵画の技法や時代背景に関する問題も出題実績あり。

✕ 俵屋宗達の作品です。尾形光琳は「紅白梅図屏風」や「燕子花図屏風」などが有名です。

◯ そのとおり。作品の写真を見て画家名を答えさせる問題が出たこともあるので、視覚的に記憶しておくと◎。

✕ レオナルド・ダ・ヴィンチの作品です。ミケランジェロは「最後の審判」などが有名です。

◯ そのとおり。ミレーは、パリ郊外のバルビゾン村に集まって自然の風景などを描いた画家であることから、バルビゾン派と呼ばれました。

✕ モネの作品です。モネの特徴は自然の光を取り入れた風景画です。マネは印象派の手法の先駆者であり、人物画が得意です。

◯ そのとおり。作品としては「アヴィニョンの娘たち」「ゲルニカ」などが知られています。

A：クロード・モネ
B：ピエール＝オーギュスト・ルノワール

4 文学史・音楽史

□□ **1** 『小説神髄』は、二葉亭四迷の作である。

□□ **2** 『舞姫』は、森鷗外の作である。
よく出る

□□ **3** 『城の崎にて』は、夏目漱石の作である。
よく出る

□□ **4** バッハは、バロック音楽の音楽家で、「近代音楽の父」とも呼ばれた。
よく出る

□□ **5** 古典派音楽に属していた音楽家として、ハイドン、モーツァルト、シューベルトなどがあげられる。

□□ **6** ドボルザークは、オーストリアの作曲家であり、作品には「フィガロの結婚」や「魔笛」がある。

□□ **7** （ A ）は、数多くのピアノ曲を作曲したことから「ピアノの詩人」と呼ばれる作曲家で、「子犬のワルツ」「英雄ポロネーズ」などの作品を残した。（ B ）は、日本近代西洋音楽草創期の作曲家であり、「荒城の月」などの有名な曲を残した。

講師からの
advice

日本史や世界史の文化史と重なる部分が多いので、頻出問題だけをさらっと押さえましょう。

✗ 坪内逍遥の作です。二葉亭四迷は、坪内逍遥に刺激を受け、『浮雲』を著しました。

○ そのとおり。森鷗外は、日本の浪漫主義の先駆となった人物です。また、『高瀬舟』という作品も有名です。

✗ 志賀直哉の作です。夏目漱石の作品としては、『吾輩は猫である』『坊っちゃん』『三四郎』などが有名です。

○ そのとおり。ちなみに、「音楽の母」とはヘンデルのことです。

✗ シューベルトはロマン派音楽に属した音楽家です。古典派音楽に属していた音楽家としては、ほかに「ベートーベン」がいます。

✗ モーツァルトの説明です。ドボルザークは、チェコの作曲家で、アメリカに渡ったときに作曲した交響曲第9番「新世界より」などの作品を残しました。

A：ショパン
B：滝廉太郎

社会科学

人文科学

自然科学

思想・文芸

見て覚える！まとめノート〈思想・文芸〉

① 西洋思想家

人名	特徴
ソクラテス	無知の知、問答法（産婆術）
プラトン	イデア論
アリストテレス	万学の祖
ベーコン	イギリス経験論の祖、「知は力なり」
デカルト	方法的懐疑、「我思う、ゆえに我あり」
カント	批判哲学、『純粋理性批判』、『実践理性批判』
ベンサム	量的功利主義、「最大多数の最大幸福」
ミル	質的功利主義、「満足した豚であるよりも不満足な人間が良い」
パスカル	「人間は考える葦である」

② 日本の思想家

人名	特徴
藤原惺窩	朱子学派、近世儒学の開祖
林羅山	朱子学派、上下定分の理
中江藤樹	陽明学派、『翁問答』
山鹿素行	古学派、武士道理論
伊藤仁斎	古義学派、仁・愛
荻生徂徠	古文辞学派、経世済民
福沢諭吉	天賦人権論、『学問のすすめ』
中江兆民	東洋のルソー：ルソーの『社会契約論』を翻訳・刊行
内村鑑三	キリスト教徒、「二つのＪ」（日本とキリスト）」

③ 三大随筆

作品	作者	内容・特色
枕草子	清少納言	鋭い感覚で心に映り感じたことをありのままに書き綴る。日本で最初の随筆文学。
方丈記	鴨長明	源平の争乱の頃に起きた大火、飢饉、大地震などの災厄や筆者自身の不遇などを回想し、人生のはかなさを嘆いている。
徒然草	兼好法師 (吉田兼好)	無常観に根ざす人生論や処世術に始まり、過去の回想や趣味論など多岐にわたる。中世的な美意識を確立。

④ 日本の文学作品

作品	著者	所属思想
小説神髄	坪内逍遥	写実主義
舞姫	森鷗外	浪漫主義
みだれ髪	与謝野晶子	浪漫主義
破戒	島崎藤村	自然主義
吾輩は猫である	夏目漱石	反自然主義
細雪	谷崎潤一郎	耽美派
お目出たき人	武者小路実篤	白樺派
暗夜行路	志賀直哉	白樺派
羅生門	芥川龍之介	新現実主義
蟹工船	小林多喜二	プロレタリア文学
雪国	川端康成	新感覚派
走れメロス、人間失格	太宰治	無頼派

社会科学

人文科学

自然科学

思想・文芸

見て覚える！まとめノート〈思想・文芸〉

⑤ 世界の美術史

時代	作家	作品名
ルネサンス期	ボッティチェリ	ヴィーナスの誕生
	レオナルド・ダ・ヴィンチ	モナリザ、最後の晩餐
	ミケランジェロ	天地創造
バロック期	ルーベンス	キリスト昇架
	レンブラント	夜警
新古典主義	ダビッド	マラーの死
ロマン主義	ドラクロワ	民衆を導く自由の女神
写実主義	ミレー	種まく人、落穂拾い
印象主義	マネ（※写実主義から印象主義へ）	笛を吹く少年
	モネ	睡蓮
	ルノワール	陽光の中の裸婦
ポスト印象主義	ゴッホ	自画像
	セザンヌ	サント・ヴィクトワール山

⑥ 日本の美術史

作家	作品名	特徴
菱川師宣	見返り美人図	浮世絵の大成者
俵屋宗達	風神雷神図屏風	琳派
尾形光琳	燕子花図屏風	元禄文化の申し子
鈴木晴信	ささやき	錦絵の創始者
喜多川歌麿	ポッピンを吹く娘	錦絵
東洲斎写楽	市川鰕蔵の竹村定之進	浮世絵
葛飾北斎	富嶽三十六景	浮世絵
歌川広重	東海道五十三次	風景版画

第 **3** 章

自然科学

1 力学

□□1 **よく出る** 地面からの高さ78.4mの位置から初速0で自由落下を始めた物体が地面に達するまでに要する時間はいくらか。ただし、重力加速度は9.8m/s²とし、空気抵抗及び物体の大きさは無視する。

□□2 **よく出る** 下図のように、水平面と30°の角をなす滑らかな斜面に質量mの物体Aを置き、糸で滑らかにまわる軽い滑車を経て質量3mの物体Bをつり下げた。重力加速度をgとしたとき、Bが下降するときの加速度の大きさはいくらか。

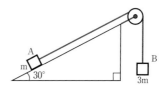

□□3 滑らかで水平な床の上に図のように静止している質量5kgの物体を、10Nの力で右向きに水平に引き、同時に6Nで左向きに水平に引いたところ、物体は等加速度運動をした。動き出してから10秒間に物体が移動する距離はいくらか。

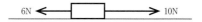

物理は計算問題がメインです。まずは重要公式を暗記して使い方をマスターしよう。

4 [s]

等加速度の公式より

$$x = V_0 t + \frac{1}{2}at^2$$

$$78.4 = 0 \times t + \frac{1}{2} \times 9.8 \times t^2$$

これを解くと、t = **4 [s]**

$$\frac{5}{8}g$$

Aが斜面に沿って受ける力は $T - mg\sin 30°$ となる。

Bは下向きの重力 $3mg$ と、上向きの張力Tを受ける。

A、Bの加速度をaとし、A、Bそれぞれについて、運動方程式を立てると、

Aについて $ma = T - mg\sin 30°$ …①

Bについて $3ma = 3mg - T$ …②

①+②より $4ma = \frac{5}{2}mg$

$$a = \frac{5}{8}g$$

---

40 [m]

この物体に対して、加速度をaとして運動方程式を立てると、

$$ma = 10 - 6 = 4$$

m = 5より、$a = 0.8m/s^2$

初速度 0 で等加速度直線運動をするので、10秒間での移動距離xは

$$x = \frac{1}{2} \times 0.8 \times 10^2 = \mathbf{40\ [m]}$$

2 波動

□□ **1**
測定者に向かって速さ10m/sで等速直線運動をしている自動車が、振動数660［Hz］の警笛を鳴らしたとき、測定者に聞こえる警笛音の振動数はいくらか。ただし、このときの音の速さは340［m/s］とする。

□□ **2**
よく出る
速さ50m/sの列車が振動数840Hzの警笛を鳴らしながら駅を通過する。列車が駅を通過する前と通過した後に、駅のホームに立っている人が聞こえる警笛の音の振動数はそれぞれいくらか。ただし空気中の音の速さを340m/sとする。

□□ **3**
よく出る
焦点距離が60［mm］の凸レンズの前方96［mm］の位置に物体を置いたときできる実像の位置はどこか。

講師からの
advice
ここ数年、波動からの出題が増加傾向。ほぼすべて高校の
教科書レベルなのでご安心を。

680 [Hz]
ドップラー効果を表す式に代入すると

$$f = \frac{V - V_0}{V - V_S} f_0$$

$$= \frac{340 - 0}{340 - 10} \times 660$$

$$= 680 [Hz]$$

通過前：985 [Hz]
通過後：732 [Hz]
通過前について、ドップラー効果を表す式に代入すると

$$f = \frac{V - V_0}{V - V_S} f_0$$

$$= \frac{340 - 0}{340 - 50} \times 840 = 984.8$$

$$≒ 985 [Hz]$$

通過後について、同様に考えると

$$f = \frac{340 - 0}{340 + 50} \times 840 = 732.3$$

$$≒ 732 [Hz]$$

レンズの後方160 [mm] の位置
レンズの公式より

$$\frac{1}{a} + \frac{1}{b} = \frac{1}{f}$$

$$\frac{1}{96} + \frac{1}{b} = \frac{1}{60}$$

$$\frac{1}{b} = \frac{1}{60} - \frac{1}{96}$$

$$= \frac{1}{160}$$

$$b = 160$$

よって、レンズの後方160 [mm] の位置にできる。

3 電気回路

1 よく出る
右図において、R_1とR_2の合成抵抗Rを求めよ。

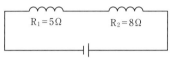
$R_1 = 5\,\Omega$　　$R_2 = 8\,\Omega$

---

2 よく出る
右図において、R_1とR_2の合成抵抗Rを求めよ。

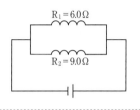
$R_1 = 6.0\,\Omega$
$R_2 = 9.0\,\Omega$

---

3 よく出る
右図において、抵抗Rに流れる電流の大きさを求めよ。

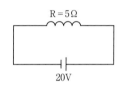
$R = 5\,\Omega$
20V

4
右図の回路において、消費電力[W]を求めよ。

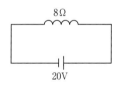
8Ω
20V

5
次の図の回路において、抵抗Rによる発熱量Q[J] を求めよ。ただし、通電時間は30秒とする。

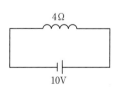
4Ω
10V

13Ω
直列接続の合成抵抗Rは
$R = R_1 + R_2 = 5 + 8 = 13Ω$

3.6Ω
並列接続の合成抵抗Rは
$$\frac{1}{R} = \frac{1}{R_1} + \frac{1}{R_2} = \frac{1}{6.0} + \frac{1}{9.0}$$
$R = 3.6Ω$

4A
オームの法則より
$$I = \frac{V}{R} = \frac{20}{5} = 4A$$

50 [W]
電力P [W] は
$$P = \frac{V^2}{R} = \frac{20^2}{8} = 50 \, [W]$$

750 [J]
ジュールの法則より
$$Q = P_t = \frac{V^2}{R}t = \frac{10^2}{4} \times 30 = 750 \, [J]$$

4 原子

□□ 1
よく出る
原子核では、陽子と中性子が電気力によって強く結びついている。

□□ 2
よく出る
原子核に含まれる中性子の数を原子番号という。

□□ 3
放射線元素が崩壊する際に放出する放射線には、α線、β線、及びγ線と呼ばれる3種類がある。

□□ 4
よく出る
原子力発電では、ウランやプルトニウムの核融合反応による熱エネルギーが利用されている。

□□ 5
放射線が及ぼす人体への影響度はベクレルという単位で表される。

□□ 6
よく出る
α線の実体は（　A　）であり、β線の実体は（　B　）であり、γ線の実体は（　C　）である。

□□ 7
ある鉱物に含まれる放射線同位体Aの原子核の数を測定したところ51,200個あった。80日後に再び測定したところ、その数は200個になっていた。この放射線同位体Aの半減期はいくらか。

原子核の挙動とそのエネルギーをチェックしましょう。

✕ 陽子と中性子は強い核力によって結びついています。

✕ 陽子の数を原子番号といいます。

◯ そのとおり。

✕ 核分裂反応による熱エネルギーが利用されています。

✕ この文章の説明はシーベルト（Sv）の説明です。

A：ヘリウム原子核
B：電子
C：電磁波

10日
問題文の条件を $N = N_0 \times \left(\dfrac{1}{2}\right)^{\frac{t}{T}}$ に代入すると$T = 10$となります。

見て覚える！まとめノート〈物理〉

1 等加速度運動

● 自由落下

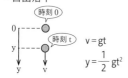

$v = gt$

$y = \dfrac{1}{2}gt^2$

● 鉛直投射

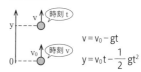

$v = v_0 - gt$

$y = v_0 t - \dfrac{1}{2}gt^2$

● 水平投射

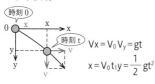

$V_x = V_0 \quad V_y = gt$

$x = V_0 t_1 \quad y = \dfrac{1}{2}gt^2$

● 斜方投射

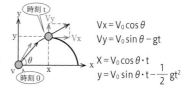

$V_x = V_0 \cos\theta$

$V_y = V_0 \sin\theta - gt$

$X = V_0 \cos\theta \cdot t$

$y = V_0 \sin\theta \cdot t - \dfrac{1}{2}gt^2$

2 運動方程式

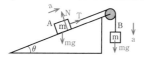

● Aの斜面平行方向の運動方程式
  $ma = T - mg \cdot \sin\theta$
● Bの鉛直方向の運動方程式
  $Ma = Mg - T$

3 摩擦力

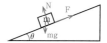

● 斜面平行方向の力のつり合い
  $F = mg \cdot \sin\theta$
● 斜面垂直方向の力のつり合い
  $F = mg \cdot \cos\theta$

4 力学的エネルギー保存則

物体が運動するときに、運動する方向に重力以外の外力が仕事をしない限り、運動前と運動後で力学的エネルギーは一定に保たれる

【力学的エネルギー保存則が使える場合】
● 「放射運動」をする物体…投げられた物体に働く力は重力のみ
● なめらかな斜面をすべる物体…物体に働く力は重力と垂直抗力のみ
● 糸につながれて円運動をする物体…物体が糸から受ける張力は物体に対して常に垂直なので、仕事をしない

⑤ 運動量保存則

外力が0のとき、運動量の和は保存される

$m_1V_1 + m_2V_2 = m_1V_1' + m_2V_2'$

⑥ ドップラー効果

音源が出す振動数をf_0 [Hz]、観測者が聞く振動数をf_1 [Hz]、音速をV [340m/s]、観測者の移動速度をV_0、音源の移動速度をV_sとすると、

$$f = \frac{V - V_0}{V - V_s} f_0 \quad （音波の向きを正とする）$$

⑦ レンズの式

レンズから物体までの距離をa、レンズから像までの距離をb、焦点距離をfとすると、

$$\frac{1}{a} + \frac{1}{b} = \frac{1}{f}$$

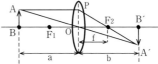

⑧ 電気回路

* オームの法則 $\quad V = IR$
* 抵抗の直列接続 $\quad R = R_1 + R_2$
* 抵抗の並列接続 $\quad \dfrac{1}{R} = \dfrac{1}{R_1} + \dfrac{1}{R_2}$
* 消費電力 $\quad P = VI = I^2R = \dfrac{V^2}{R}$

⑨ 放射線

	α 線	β 線	γ 線
実体	ヘリウム原子核	電子	電磁波
電荷	正	負	なし
透過力	小	中	大
電界・磁界中	曲がる	曲がる	曲がらない

1 物質の構成と状態

□□ 1
すべての原子の原子核は、陽子と中性子から構成される。

□□ 2 よく出る
原子に含まれる陽子数と電子数の和を、その原子の質量数という。

□□ 3 よく出る
原子番号が同じで中性子の数が異なる原子同士は、互いに同位体である。

□□ 4 よく出る
固体から気体への変化を融解という。

□□ 5
直径が10^{-7}〜10^{-5}cm程度の粒子をコロイド粒子と呼ぶ。

□□ 6 よく出る
水との親和力が小さい（ **A** ）コロイド溶液に、少量の電解質を加えると沈殿する。この現象を（ **B** ）という。また、水との親和力が大きい（ **C** ）コロイド溶液に、多量の電解質を加えると沈殿する。この現象を（ **D** ）という。

□□ 7
コロイド溶液に横から強い光をあてると、光の進路が光って見える。この現象を（ **A** ）という。また、コロイド溶液を限外顕微鏡で観察すると、光った粒子が不規則に運動しているのが確認できる。この運動を（ **B** ）という。

講師からの
advice
陽子・中性子・電子など原子を構成する粒子の名称や特徴をしっかり理解しておきましょう。

✕ 質量数 1 の水素原子は、中性子を持ちません。

✕ 質量数は陽子数と中性子数の和で表されます。

◯ そのとおり。同位体同士では、陽子数は同じで、質量数が異なります。

✕ 固体から気体への変化は昇華といいます。融解は固体から液体への変化をいいます。

◯ そのとおり。コロイドには親水コロイド、疎水コロイド、保護コロイドがあります。

A：疎水
B：凝析
C：親水
D：塩析

A：チンダル現象
B：ブラウン運動

2 周期表と元素の分類

□□1
周期表は、元素をその原子核中に存在する中性子数の最も少ないものから順に並べたものである。

□□2 よく出る
周期表の2族に属する元素は遷移元素と呼ばれる非金属元素である。

□□3
17族元素をハロゲンといい、価電子を6個もち、2価の陰イオンになりやすい。

□□4 よく出る
18族元素を希ガスといい、希ガスの単体はすべて二原子分子からなる。

□□5 よく出る
水素を除いた1族元素をアルカリ金属といい、アルカリ金属の単体は、石油中などに保存する。

□□6
原子が結合するとき、その結合に関与する電子を引き付ける強さのことを（　**A**　）といい、周期表では18族を除いて、右上に行くほど（　**A**　）が（　**B　大きく or 小さく**　）、左下にいくほど（　**C　大きく or 小さく**　）なる。

□□7
1、2、12〜18族元素を（　**A**　）、3〜11族元素を（　**B**　）という。

講師からの
advice

ハロゲン（F、Cl、Br、l）は陰イオンになりやすい。

✕ 元素を原子番号順に並べたものが元素の周期表です。性質の似た元素が縦に並んで配列されています。

✕ 2族元素をアルカリ土類金属といい、いずれも金属元素です。

✕ ハロゲンは価電子を7個もち、1価の陰イオンになりやすい。

✕ 希ガスの単体は単原子分子として安定して存在しています。

○ そのとおり。アルカリ金属の単体は常温で水と激しく反応し、水素を発生します。それを避けるため灯油中に保存します。

A：電気陰性度
B：大きく
C：小さく

A：典型元素
B：遷移元素

3 物質の特性

□□ 1
よく出る
同一の元素が結晶構造や性質の異なる2種類以上の単体として存在する場合に、これらを同素体という。

□□ 2
塩化ナトリウムはイオン結合でできている物質で、固体状態でも電気をよく通す。

□□ 3
よく出る
塩素は無色、刺激臭の気体である。

□□ 4
水酸化ナトリウムの固体を空気中に放置したとき、空気中の水蒸気を吸収して解ける現象を風解という。

□□ 5
炭素の同素体である黒鉛とダイヤモンドは、ともに電気伝導性がない。

□□ 6
よく出る
炎色反応は元素の種類に特有で、ナトリウムは（　A　）色、銅は（　B　）色、バリウムは（　C　）色、カリウムは（　D　）色を示す。

□□ 7
よく出る
氷の結晶は水分子が（　A　）結合によって集まったものであり、氷の結晶は隙間の（　B　多い or 少ない　）正四面体構造をとっており、液体の水から固体の氷になると体積が（　C　増える or 減る　）。

142

講師からの
advice

> おみそ汁を吹きこぼすと、味噌の塩分（NaCl）内のNaが
> 炎色反応を起こして炎が黄色に見えるわね。

○ そのとおり。同素体は硫黄（S）、炭素（C）、酸素（O）、リン（P）などに見られます。

✕ イオン結晶は融解すると電気を通します。

✕ 塩素は黄緑色の刺激臭の気体です。

✕ この現象は「潮解」といいます。

✕ 黒鉛には電気伝導性があります。

A：黄
B：緑
C：黄緑
D：紫

A：水素
B：多い
C：増える

4 化学反応

□□1 **よく出る**
0.10mol/Lのアンモニア水のpHは、同じ濃度の水酸化ナトリウム水溶液のpHより大きい。

□□2
強酸と弱塩基の中和において、中和点のpHの値は7付近である。

□□3 **よく出る**
酸化とは原子が電子を受け取る反応であり、還元とは原子が電子を失う反応である。

□□4
$C+O_2 \rightarrow CO_2$の反応において、酸化された物質は炭素、還元された物質は酸素である。

□□5
イオン化傾向の小さい金属は、イオン化傾向の大きい金属に比べて酸化されやすい。

□□6 **よく出る**
標準状態で、2.8(L)の酸素の質量は4.0gである。ただし、原子量はO = 16とする。

□□7 **よく出る**
プロパンと酸素が反応して、二酸化炭素と水が生じる化学反応式は次のように表される。
(**A**)C_3H_8 + (**B**)$O_2 \rightarrow$ (**C**)CO_2 + (**D**)H_2O

講師からの
advice

酸と塩基、酸化・還元の定義はバッチリかな？　物質量molが絡む問題の計算方法もマスターしておこう。

×　弱塩基のNH_3のほうが強塩基の$NaOH$よりpHは小さいです。

×　中和点のpHの値は7より小さくなります。

×　説明が逆です。原子が電子を失うことを酸化といい、原子が電子を得ることを還元といいます。

○　そのとおり。酸化数について、炭素は（0→+4）、酸素は（0→−2）となります。

×　イオン化傾向の小さい金属は、イオン化傾向の大きい金属に比べて酸化されにくい。

○　そのとおり。2.8(L)/22.4(L/mol)×32(g/mol)＝4.0gと計算できます。

A：1
B：5
C：3
D：4
$C_3H_8 + 5O_2 \rightarrow 3CO_2 + 4H_2O$と表記します。

見て覚える！まとめノート〈化学〉

① 原子の構造

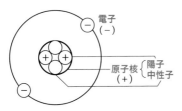

- 陽子…正電荷を持つ
- 中性子…電荷を持たない
- 電子…陽子と同量の負電荷を持つ

- 原子番号 = 陽子数 = 電子数
- 質量数 = 陽子数 + 中性子数

② 元素の分類

- アルカリ金属…Hを除いた1族元素
- アルカリ土類金属…2族元素
- ハロゲン…17族元素
- 希ガス…18族元素
- 典型元素…1、2、12〜18族元素。同族元素の化学的性質がよく似ている。
- 遷移元素…3〜11族元素。同周期元素に属する元素の化学的性質がよく似ている。

③ 酸化・還元

	酸素原子	水素原子	電子	酸化数
酸化	得る	失う	失う	増える
還元	失う	得る	得る	減る

4 イオン化傾向

- イオン化傾向が大きい金属ほど電子を失って陽イオンになりやすい
  →酸化されやすい

イオン化列	Li K Ca Na Mg Al Zn Fe Ni Sn Pb (H₂) Cu Hg Ag Pt Au			
水との反応	常温で反応	高温で反応	反応しない	
酸との反応	塩酸、希硫酸と反応して水素を発生する		酸化力の強い酸と反応する	王水のみ反応
空気中での反応	反応する	表面だけ反応する		反応しない
自然界での産出	化合物として産出		化合物または単体で産出	単体のみ
金属の精錬	融解塩電解で還元される	C、COなどで還元される		加熱のみで還元される

5 ハロゲン

名称	分子式	常温・常圧における状態	特徴
フッ素	F₂	気体、淡黄色	反応性が非常に高い
塩素	Cl₂	気体、黄緑色	有毒、殺菌作用。漂白剤に使用
臭素	Br₂	液体、赤褐色	写真のフィルムに使用
ヨウ素	I₂	固体、黒紫色	ヨウ素デンプン反応、うがい薬

- 価電子の数は7個で、1価の陰イオンとなりやすく、酸化力がある
- 単体はいずれも共有結合による二原子分子を作っている
- 反応性の強弱（酸化力）は $F_2 > Cl_2 > Br_2 > I_2$ である

6 炎色反応

- アルカリ金属やアルカリ土類金属の単体は特有の炎色反応を示す

Li	Na	K	Cu	Ca	Sr	Ba
赤	黄	紫	緑	橙	紅	黄緑

1 細胞・酵素・ホルモン

□□ 1 細胞膜は、細胞内外を隔てる全透性の膜であり、水と水溶性物質を通す。

□□ 2 液胞は、動物細胞特有の器官で、成長に必要な養分を蓄えており、成長とともに小さくなる。
よく出る

□□ 3 酵素が無機触媒に比べて種類が多いのは、酵素が作用する基質がそれぞれ決まっており、ある特定の基質には特定の酵素しか作用しないからである。

□□ 4 インスリンは、副腎髄質から分泌されるホルモンであり、血糖量の増加を促進し、血圧を上昇させる。
よく出る

□□ 5 脳下垂体前葉から分泌されるバソプレシンは、血圧を上昇させ、腎臓での水の再吸収を抑制する。
よく出る

□□ 6 酵素を用いた反応では、反応速度が最も大きくなる（　A　）温度が存在する。これは、反応温度が（　A　）温度よりも高くなりすぎると、タンパク質が（　B　）してしまい、酵素として働けなくなるためである。
よく出る

□□ 7 食物は人間の体に入ると、消化液中の酵素によって分解され、タンパク質は（　A　）に、炭水化物は（　B　）に、脂肪は脂肪酸と（　C　）に分解される。

講師からの
advice
試験によく出るホルモンと、それを放出する内分泌腺を覚えましょう。

✕ 細胞膜は全ての物質を通すわけではなく、特定の物質だけを通します。これを選択的透過性といいます。

✕ 液胞は植物細胞特有の器官です（動物細胞にも存在していますが、発達していません）。また成長とともに大きくなります。

◯ そのとおり。酵素が特定の物質に対してのみ作用することを基質特異性といいます。例えば、唾液に含まれるアミラーゼ酵素は、でんぷんにのみに作用します。

✕ インスリンは膵臓のランゲルハンス島にある β 細胞から分泌されるホルモンで、血糖量を減少させる働きがあります。

✕ バソプレシンは脳下垂体後葉から分泌され、血圧を上昇させ、腎臓での水の再吸収を促進するホルモンです。

A：最適
B：変性

A：アミノ酸
B：糖類
C：グリセリン（モノグリセリド）

2 光合成と呼吸

□□ 1 **よく出る**
細胞小器官のうち、呼吸を担うのは動物ではミトコンドリア、植物では葉緑体である。

□□ 2 **よく出る**
呼吸の分解過程は、解糖系、カルビン・ベンソン回路、電子伝達系の大きく3つに分けられる。

□□ 3
光合成は、光エネルギーによって二酸化炭素と水を原料とし、グルコースを合成する。

□□ 4 **よく出る**
緑色植物の光合成で放出される酸素は二酸化炭素に由来する。

□□ 5
光合成細菌の光合成では酸素が発生する。

□□ 6
微生物が、（ A ）を使わずに有機物を分解してエネルギーを得る反応を発酵という。酵母は、（ A ）が少ないときには、（ B ）を行い、グルコースを（ C ）と（ D ）に分解する。

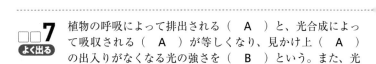

□□ 7 **よく出る**
植物の呼吸によって排出される（ A ）と、光合成によって吸収される（ A ）が等しくなり、見かけ上（ A ）の出入りがなくなる光の強さを（ B ）という。また、光合成速度が頭打ちになるときの光の強さを（ C ）という。

講師からの
advice

近年、脱炭素社会の実現に向けて人工光合成の研究が盛んに行われているから注目のテーマね。

✕ 動物と植物どちらにおいても、呼吸を担う細胞小器官はミトコンドリアです。

✕ 解糖系、クエン酸回路、電子伝達系の３つです。解糖系は細胞質基質、クエン酸回路はミトコンドリアのマトリックス、電子伝達系はミトコンドリアの内膜でそれぞれ行われます。グルコース１分子が呼吸によって無機質に分解されると、合計38分子のATPが生じることも押さえておきましょう。

〇 そのとおり。光合成の反応式は
$6CO_2 + 12H_2O + 光エネルギー \rightarrow C_6H_{12}O_6 + 6O_2 + 6H_2O$
で表されます。

✕ 光合成において酸素は水由来です。

✕ 水の代わりに硫化水素や水素分子を使うため酸素は発生しません。

A：酸素
B：アルコール発酵
C：エタノール
D：二酸化炭素
※CとDは順不同

A：二酸化炭素
B：補償点
C：光飽和点

3 遺伝

□□1 メンデルの法則には、優性の法則、独立の法則、全か無かの
よく出る 法則の3つがある。

□□2 DNAは、遺伝形質の発現を支配する物質で、主として核に含
まれ、DNA量は体細胞の種類により異なる。

□□3 DNAの塩基には、アデニン（A）、ウラシル（U）、グアニン（G）、
よく出る シトシン（C）の4種類がある。

□□4 減数分裂によってできる精子などの生殖細胞におけるDNA量
は、生殖母細胞のそれと同じである。

□□5 ヒトの赤緑色覚異常のように、一方の性に偏って伝わる遺伝
よく出る を伴性遺伝という。

□□6 （　A　）接合体は、同じ対立遺伝子の組み合わせの個体で、
（　B　）接合体は、異なる対立遺伝子の組み合わせの個体
である。また、（　C　）接合体は、自家受精を何代繰り返
しても、子孫には同じ形質の個体しか現れない。

□□7 検定交雑の結果がAB：Ab：aB：ab＝50：1：1：50のとき、
よく出る 組み換え価は（　A　）％である。

講師からの
advice

生物で計算問題といえば、ほとんどが「組み換え価」の問題です。ぜひマスターしましょう。

✕ メンデルの法則は、優性の法則、分離の法則、独立の法則の3つです。

✕ DNA量は全ての体細胞で同じです。

✕ DNAの塩基はアデニン、チミン(T)、グアニン、シトシンの4種類です。

✕ 減数分裂の終了時に細胞のDNA量は半分になります。

◯ そのとおり。伴性遺伝は遺伝子が染色体上に存在することによって起こります。

A:ホモ
B:ヘテロ
C:ホモ

A:1.96
組み換え価 = $(1+1)/(50+1+1+50) \times 100 = 1.96\%$

見て覚える！まとめノート〈生物〉

1 核酸

	DNA	RNA
ヌクレオチド鎖の数	2本（二重らせん構造）	1本
糖の種類	デオキシリボース	リボース
塩基の種類	A,T,G,C	A,U,G,C

2 異化と同化（反応式）

- 呼吸

  $C_6H_{12}O_6$（グルコース）$+ 6O_2 + 6H_2O → 6CO_2 + 12H_2O + 38ATP$

- アルコール発酵

  $C_6H_{12}O_6$（グルコース）$→ 2C_2H_5OH$（エタノール）$+2CO_2+2ATP$

- 乳酸発酵

  $C_6H_{12}O_6$（グルコース）$→ 2C_3H_6O_3$（乳酸）$+2ATP$

- 光合成（植物）

  $6CO_2 + 12H_2O +$ 光エネルギー $→ C_6H_{12}O_6$（グルコース）$+ 6O_2 + 6H_2O$

- 光合成（紅色硫黄細菌など）

  $6CO_2 + 12H_2O +$ 光エネルギー $→ C_6H_{12}O_6$（グルコース）$+ 6H_2O+12S$

3 自律神経

- **交感神経**……脊髄から出ており、敵と戦うなどの緊張するときなどに働く
- **副交感神経**……中脳、橋・延髄、脊髄から出ており、交感神経の反応を和らげ、休息時に働く

	瞳孔	心臓・拍動	血圧	呼吸運動	消化作用	血糖	皮膚の血管	立毛筋	神経伝達物質
交感神経	拡大	促進	上昇	促進	抑制	増加	収縮	収縮	ノルアドレナリン
副交感神経	縮小	抑制	下降	抑制	促進	減少	分布せず	分布せず	アセチルコリン

4 中枢神経

- 大脳…運動、感覚、視覚、聴覚の中枢。記憶、言語などの精神活動の中枢
- 間脳…自律神経系と脳下垂体を支配し、体温、血糖量などの調整の中枢
- 中脳…眼球の反射運動・虹彩の収縮調整
- 小脳…手足などの随意運動の調整、からだの平衡を保つ中枢
- 延髄…呼吸、血管収縮、心臓の拍動、唾液の分泌、飲み込み反射などの中枢

5 血液の組成と働き

	名称	核	直径(μm)	数(/1μL)	主な働き
有形成分	赤血球	無	7〜8	400万〜500万	ヘモグロビンを含み、酸素を運搬する
	白血球	有	10〜15	4000〜9000	病原菌などの異物に対する免疫作用や食作用に関係する
	血小板	無	2〜4	15万〜45万	血液凝固に働く

無形成分	● 水（血しょうの約90%） ● タンパク質 　（血しょうの6〜8%） ● 無機塩基、グルコース、脂質など	● 赤血球などの有形成分の運搬 ● CO_2、栄養分、老廃物などの物質の運搬

6 植物ホルモン

- オーキシン…茎の伸長促進、頂芽優勢、離層形成の抑制
- ジベレリン…種子の発芽促進、単為結実、イネのばか苗病菌から発見
- サイトカイニン…細胞分裂の促進、側芽の成長促進
- アブシシン酸…休眠芽の形成促進、種子の発芽抑制、気孔の閉鎖
- エチレン…果実の成熟促進、落葉の促進
- フロリゲン…花成ホルモン

社会科学

人文科学

自然科学

生物

155

1 地球の構造・地震

1 よく出る
地震の規模を表すマグニチュードは、1増すごとに地震のエネルギーが10倍になる。

2
P波による地震の最初の揺れを初期微動といい、初期微動から少し遅れて始まるS波による大きな揺れを主要動という。

3 よく出る
地殻とマントル最上部の硬くて流動しにくい部分をアセノスフェアといい、その下で柔らかくて流動しやすい部分をリソスフェアという。

4 よく出る
地震による揺れの強さを総合的に表す指標を震度といい、気象庁の震度階級は震度0から震度7までの8階級になっている。

5
深成岩は、斑晶と細粒の石基からなる斑状組織を示し、代表的なものとして玄武岩や花崗岩がある。

6 よく出る
地球内部は地表から順に、地殻、マントル、外核、内核に区分される。地殻とマントルの境界を（ **A** ）面、マントルと外核の境界を（ **B** ）面、外核と内核の境界を（ **C** ）面という。

7
火成岩を作る主な鉱物の中で、Fe、Mgを多く含み、色がついているものを（ **A** ）と呼び、カンラン石はその1つである。これに対し石英はFe、Mgをほとんど含まず、無色または淡い色をしているので、（ **B** ）と呼ばれている。また、火成岩の中の（ **A** ）の占める割合を、火成岩の（ **C** ）という。

地球の構造って卵に似ているね。

✕ マグニチュードが1増えるとエネルギーは約32倍になります。

○ そのとおり。P波が到着すると初期微動が起こり、遅れてS波が到着して主要動が起こります。P波とS波が到着する時刻の差を「初期微動継続時間」と呼びます。

✕ アセノスフェアとリソスフェアの説明が逆です。温度が低く、硬くて流動しにくいのがリソスフェアで、別名「プレート」とも呼ばれます。

✕ 震度5と震度6はそれぞれ「弱」と「強」の2つに分かれるので、全部で10階級あります。

✕ 深成岩は等粒状組織を示し、代表的なものとして斑レイ岩、閃緑岩、花崗岩があります。

A：モホロビチッチ不連続
B：グーテンベルク不連続
C：レーマン不連続

A：有色鉱物
B：無色鉱物
C：色指数

2 気象

□□1 大気圏は高度による気温の変化をもとに、下層から上層に向かって、成層圏、中間圏、対流圏、熱圏に区分される。

□□2 南米ペルー沖の海面の水温が平年よりも上昇することがあり、これをフェーン現象と呼ぶ。

□□3 よく出る
北西太平洋の熱帯海域で発生した熱帯低気圧のうち、最大風速17.2m/秒以上になったものを台風といい、前線を伴う。

□□4 よく出る
冬は、シベリア高気圧の影響が強まり、南高北低の気圧配置になる日が多くなる。

□□5 春には、移動性高気圧と温帯低気圧が交互に到来し、周期的に天気が変わる。

□□6 暖かい空気の下に空気がもぐりこむことで（ **A** ）前線が発生し、（ **B** ）という雲ができる。また、前線が通過した後は気温が（ **C 上がる or 下がる** ）。

□□7 よく出る
梅雨前線は北の（ **A** ）気団と南の（ **B** ）気団の衝突によりできる。

講師からの
advice

災害の話にも通じるし、気象に関する知識は大事よね。

✕ 下層から上層に向かって、対流圏、成層圏、中間圏、熱圏に区分されます。

✕ この現象はエルニーニョ現象と呼ばれています。フェーン現象とは、山を越える風が、乾いた暖かい下降気流になり、ふもと付近の気温が上がる現象をいいます。

✕ 熱帯低気圧は前線を伴いません。

✕ 冬は西高東低の気圧配置になります。

○ そのとおり。これは偏西風の影響によるものです。

A：寒冷
B：積乱雲
C：下がる
寒冷前線が通過すると、寒気に包まれるため気温は下がります。また、積乱雲が上空を通過するため、短時間に狭い範囲でにわか雨が降ります。

A：オホーツク海
B：小笠原

3 太陽系

□□ **1** 地球上から月の裏側を直接見ることができないのは、地球の自転周期が月の自転周期と等しいためである。

□□ **2** よく出る 太陽の表面に現れる黒点は、周囲よりも温度が1000〜1500Kほど高い部分である。

□□ **3** よく出る 太陽系の惑星のうち、地球から見て最も明るいのは金星であり、光度が最大な時は昼でも肉眼で観察できる。

□□ **4** 星の明るさは一般に等級で表し、等級は6等級から1等級までの5等級分の光度差が1000倍になるように定義されている。

□□ **5** 太陽の数倍程度以下の質量の星は、中心部からのエネルギー放出が止まると、重力の方が勝って星全体が縮み、白色矮星になる。

□□ **6** よく出る 太陽の中心では、水素の原子核同士が結びつく（　A　）が起こっており、中心部の水素を消費しつくすまで、太陽は安定して輝き続ける。このような安定して輝いている段階の星を一般に（　B　）という。

□□ **7** よく出る 地球型惑星は、木星型惑星に比べて質量は（　A　**小さく** or **大きく**　）、半径は（　B　**小さく** or **大きく**　）、平均密度は（　C　**小さく** or **大きく**　）、自転周期は（　D　**長い** or **短い**　）。

講師からの
advice

太陽の構造と太陽系の惑星は超頻出。過去問の焼き直しが
多いので狙い目のテーマです。

✗　月の公転周期と自転周期がほぼ等しいためです。

✗　黒点は周囲よりも温度が低い部分です。

○　そのとおり。金星はまた、表面は主に二酸化炭素の厚い大気に覆われて
おり、高温です。

✗　1等級は6等級の100倍の明るさです。

○　そのとおり。白色矮星は、表面温度が高いですが、光度は小さく太陽の
100分の1程度しかありません。

A：核融合反応
B：主系列星

A：小さく
B：小さく
C：大きく
D：長い
太陽から近い順に、水星・金星・地球・火星が地球型惑星、木星・土星・
天王星・海王星が木星型惑星です。

社会科学

人文科学

自然科学

地学

見て覚える！まとめノート〈地学〉

1 日本に影響を与える気団

名称	発源地	主発生時期	特徴
シベリア気団	シベリア大陸	冬	寒冷・乾燥
オホーツク海気団	オホーツク海	梅雨・秋	寒冷・多湿
小笠原気団	日本南東の太平洋上	夏	温暖・多湿
揚子江気団	揚子江下流域	春・秋	温暖・乾燥

2 惑星

太陽系の惑星は全部で8個あり、地球型惑星と木星型惑星に分類できる。

● 地球型惑星…水星、金星、地球、火星
● 木星型惑星…木星、土星、天王星、海王星

	半径	質量	密度	自転速度	リング	衛星	特徴
地球型	小	小	大	遅い	なし	少ない	大気層が薄い
木星型	大	大	小	速い	あり	多い	固体の部分はほとんどない

3 地震波

地震波にはP波とS波の2種類ある。

地震波	振動方向	速度	エネルギー	伝わる場所
P波	進行方向に平行	速い	小さい	固体・液体
S波	進行方向に垂直	遅い	大きい	固体

4 地球の内部構造

地球の内部構造は、地殻、マントル、核、からなる。それぞれの層の境界には、それぞれ名前がついている。

□ モホロビチッチ不連続面…地殻とマントルの境界
□ グーテンベルク不連続面…マントルと外核の境界
□ レーマン不連続面…外核と内核の境界

5 リソスフェアとアセノスフェア

- 地球の内部構造は「流動しやすさ」を基準にした場合、外側から順に
  リソスフェア→アセノスフェア→メソスフェア　と分類できる。
- 地殻とマントル最上部の固くて流動しにくい部分をリソスフェア、
  その下の柔らかくて流動しやすい部分をアセノスフェア、
  アセノスフェアと外核の間をメソスフェア　という。

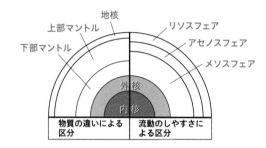

6 火成岩の分類

岩石の種類	塩基性岩	中性岩	酸性岩
火山岩 （粒状組織）	玄武岩	安山岩	流紋岩
深成岩 （等粒状組織）	斑れい岩	閃緑岩	花崗岩
色指数	黒っぽい（70%）	←――――――→	白っぽい（20%）
Sio₂の量	少ない（45%）	←――――――→	多い（66%）
密度（g/cm³）	大きい（約3.1）	←――――――→	小さい（約2.6）

7 地質時代の区分

- 先カンブリア時代…地球誕生～5億7000万年前
- 古生代…5億7000万年前～2億4500万年前。古い順に　カンブリア紀、
  オルドビス紀、シルル紀、デボン紀、石炭紀、ペルム紀（二畳紀）
- 中生代…2億4500万年前～6500万年前。古い順に　三畳紀、ジュラ紀、
  白亜紀
- 新生代…6500万年前～現代。古い順に　第三紀、第四紀

社会科学

人文科学

自然科学

地学

第 **4** 章

数
的
推
理

1 公倍数

1 1桁の数 a、b を用いて次のように表される 6 桁の数があり、13 と 17 のいずれでも割り切れるとき、a と b の和はいくらか。

$$2\quad 6\quad a\quad b\quad 2\quad 6$$

1 8

2 9

3 10

4 11

5 12

2 100 以下の正の整数のうち、3 の倍数で、かつ、5 でも 6 でも割り切れない数はいくつあるか。

1 14 個

2 24 個

3 26 個

4 30 個

5 42 個

解答・解説

1 正解：**4**

13と17の最小公倍数は、13×17＝221
26ab26は221の倍数である。

10万の位を2とするため、221を1000倍する。
221×1000＝221000

1の位を6とするため、221を6倍する。
221×6＝1326

両者の合計は、221000＋1326＝222326

1万の位を6、下2桁を26のままにするためには、221を200倍したものを加えればよい。
221×200＝44200

222326＋44200＝266526
a＋b＝6＋5＝11

2 正解：**1**

100以下の正の整数のうち、3の倍数の個数から、3と5の公倍数の個数と、3と6の公倍数の個数を引き、重複して引いた個数を加えることで求めることができる。

100以下の正の整数のうち、まず、3の倍数の個数は
100÷3＝33.333…で33個。
続いて、3と5の最小公倍数は15であるため、3と5の公倍数の個数は
100÷15＝6.666…で6個。
さらに、3と6の最小公倍数は6であるため、3と6の公倍数の個数は
100÷6＝16.666…で16個。

33－6－16とすると、3と5と6の公倍数の個数（具体的には、30、60、90の3個）を重複して引いているので、3を加える。
以上から、33－6－16＋3＝14である。

2 余剰

1 ある整数で70を割ると4余り、170を割ると16余る。この整数を5で割ったときの余りは、次のうちどれか。

1 1
2 2
3 3
4 4
5 5

解答・解説

1 | 正解：2

ある整数で70を割ると4余ることから、
ある整数は70-4＝66の約数。

ある整数で170を割ると16余ることから、
ある整数は170-16＝154の約数。

66と154の公約数を考えると、
66 = 2 × 3 × 11
（約数：1、2、3、6、11、22、33、66）
154 = 2 × 7 × 11
（約数：1、2、7、11、14、22、77、154）

公約数は66と154に共通する約数なので、1、2、11、22ということがわかる。
ある整数で170を割ると16余ることより、ある整数は16より大きい数であり、公約数のうち16より大きい数である22（最大公約数）が「ある整数」であることがわかる。
22÷5 = 4余り2

3 記数法

□□1 6進法で表すと305になる数と7進法で表すと305になる数の和を8進数で表すといくらになるか。

1 411
2 423
3 441
4 457
5 477

□□2 A、B、Cは0、1、2のいずれかの異なる数であり、ある整数を4進法で表すとABCC、12進法で表すとBCCとなる。
この整数を10進法で表したとき、正しいのはどれか。

1 156
2 144
3 155
4 139
5 74

1 正解：1

10進法に直してから計算し、8進法で表す。

6進法で 305 → $6^2 \times 3 + 6^1 \times 0 + 6^0 \times 5 = 113$（10進法）

7進法で 305 → $7^2 \times 3 + 7^1 \times 0 + 7^0 \times 5 = 152$（10進法）

$113 + 152 = 265$

$265 = 8^2 \times 4 + 8^1 \times 1 + 8^0 \times 1$

であるから、10進法の265を8進法で表すと411となる。

2 正解：2

それぞれの数を10進法に直す。

ABCCは $A \times 4^3 + B \times 4^2 + C \times 4^1 + C \times 4^0$

BCCは $B \times 12^2 + C \times 12^1 + C \times 12^0$

それぞれの式は同じ整数を4進法と12進法で表しているので、

$A \times 4^3 + B \times 4^2 + C \times 4^1 + C \times 4^0 = B \times 12^2 + C \times 12^1 + C \times 12^0$ となる。

これを計算すると

$64A + 16B + 5C = 144B + 13C$ となり、

右辺を移項し $64A - 128B - 8C = 0$ となる。

このABCに0、1、2をそれぞれ代入して等式が成り立つかを考える。

A、Bに0を代入すると等式が成り立たないのは明らかである。

それを踏まえて計算すると、

$A = 2$、$B = 1$、$C = 0$ となる。

$144B + 13C$ にそれぞれ代入すると、答えは144である。

数的推理

判断推理

資料解釈

記数法

4 不定方程式

□□ **1**　スーパーマーケットに行き、1個30円のジャガイモ、1個40円の玉ネギ、1個100円のカボチャを合わせて10個買ったところ、その代金は600円であった。買った玉ネギの個数は次のうちどれか。

1　1個
2　2個
3　3個
4　4個
5　5個

1 正解 : **2**

ジャガイモを X 、玉ネギを Y 、カボチャを Z (X 、Y 、Z は自然数)
として立式する。

$X + Y + Z = 10 \cdots$ ①

$30X + 40Y + 100Z = 600 \cdots$ ②

①より

$Z = 10 - X - Y$

②へ代入して

$30X + 40Y + 100(10 - X - Y) = 600$

式を整理すると

$7X + 6Y = 40$

この式を満たす、自然数 X と Y を探すため式より情報を得ると、

$6Y = 40 - 7X$ より、 X は 5 以下ということがわかる。

さらに、40は偶数で6Yも必ず偶数となることより7Xは偶数ということ
とがわかり、7Xが偶数ということは、Xが偶数であることがわかる。

5以下で偶数となるのは、 X = 2 、4 のときなので、各々の場合を検
討すると、

X = 2 のとき、 $Y = \dfrac{26}{6}$ となりYが自然数ではないので不適。

X = 4 のとき、 $Y = \dfrac{12}{6} = 2$ となりYが自然数となったので、

正解はY = 2 ということがわかる。

数的推理

判断推理

資料解釈

不定方程式

5 | 速さ・仕事算

□□ **1** 1周6kmの池がある。Aさんは時計回りに時速72kmで、Bさんは反時計回りに時速36kmで同時にスタートした。2人が出会うのは何秒後か。

1 190秒後
2 200秒後
3 210秒後
4 220秒後
5 230秒後

□□ **2** Aさんが1人でやると15日かかり、Bさんが1人でやると10日かかる仕事がある。
AさんBさんが2人でやると何日で仕事が終わるか。

1 5日
2 6日
3 7日
4 8日
5 9日

解答・解説

1 正解：**2**

Aさんの速度をm/秒速に直すと
72km/時→72000m/時→1200m/分→20m/秒

Bさんの速度をm/秒速に直すと
36km/時→36000m/時→600m/分→10m/秒

1秒間に2人が進む距離は
$10 + 20 = 30$m/秒

1周を6km＝6000mとし、出会うまでの時間をtとすると
$30 × t = 6000$
$t = 200$

2 正解：**2**

Aさんの1日の仕事量をa、Bさんの1日の仕事量をbとし、全体の仕事量を1とする。

$a × 15 = 1$　より　$a = \dfrac{1}{15}$

$b × 10 = 1$　より　$b = \dfrac{1}{10}$

2人でやる日数をtとすると

$\left(\dfrac{1}{15} + \dfrac{1}{10}\right) t = 1$

$t = 6$

6 濃度・年齢算

□□1 濃度10％の食塩水200ｇ、濃度20％の食塩水300ｇを混ぜ合わせたものに、水500ｇを加えると濃度は何％になるか。

1 3%

2 5%

3 8%

4 10%

5 12%

□□2 父、母、長女、次女の４人家族がいる。父は母より２歳年下で、現在４人の年齢の合計は96である。５年前の家族の年齢の合計は78であり、10年前には66であったとすると現在の母親の年齢はいくらか。

1 40歳

2 41歳

3 42歳

4 43歳

5 44歳

解答・解説

1 | 正解：3

濃度10%の食塩水200gの塩の量は、
200×0.1＝20g

濃度20%の食塩水300gの塩の量は、
300×0.2＝60g

合計の食塩の量は
20＋60

食塩水の量を
200＋300＋500＝1000

濃度は
$$\frac{80}{1000} \times 100 = 8\%$$

2 | 正解：5

現在と5年前の年齢の合計の差が96−78＝18であることから、5年前には次女は生まれていなかったことがわかる（5年前に次女が生まれていれば現在と5年前の年齢の合計の差は20）。
さらに、5年前と10年前の家族3人の年齢の合計の差が78−66＝12であることから、10年前に長女は生まれておらず、5年前の長女の年齢は2歳である。
このことから現在の長女の年齢は7歳、現在と5年前の年齢の合計の差より現在の次女の年齢は3歳である。
ここで、母の年齢をx、父の年齢をx−2とすると以下の方程式が成り立つ。

$(x-2) + x + 7 + 3 = 96$
この方程式を解いて x＝44

7 割合と比

□□ **1** A市とB市がある。ある年に前年よりA市は10%、B市は5%増加し、A市とB市の増加した人数の比は2：3となり、A市B市合わせた現在の人口は4250人となった。前年のA市の人口は何人か。

1 1000人
2 1500人
3 2000人
4 2500人
5 3000人

□□ **2** A、B、Cの3人が持っている金額の比は4：5：7であり、AとBの金額を合わせたものはCの金額に820円加えた金額に等しい。このときAとCの持っている金額の差はいくらか。

1 1110円
2 1160円
3 1120円
4 1180円
5 1230円

解答・解説

1 | 正解：1

前年のA市の人口をa、B市の人口をbとすると、
A市の増加した人数は0.1a、B市の増加した人数は0.05b
この比が2：3なので
$0.1a : 0.05b = 2 : 3$

内項と外項の積は等しいので
$0.3a = 0.1b$
$3a = b$　　　①式

現在の人口が4250人なので
$(1 + 0.1)a + (1 + 0.05)b = 4250$

①式を代入すると
$1.1a + 3.15a = 4250$
$4.25a = 4250$
$a = 1000$

2 | 正解：5

A、B、Cの持っている金額の比が4：5：7であることから、3人
の所持金額をそれぞれ4X円、5X円、7X円とする。
ここでAとBの所持金を合わせるとCの所持金額よりも820円多くな
ることから方程式を立てる。
$4X + 5X = 7X + 820$
これを解いて $X = 410$

A、B、Cの所持金額はそれぞれ1640円、2050円、2870円であり、
AとCの所持金額の差は1230円となる。

8 | 場合の数（順列）

□□ 1 強打者 3 人、ピッチャー 2 人を含めた11人の野球チームがある。試合に向けて 1 番から 9 番の打順を決めることとなった。クリーンナップの 3 番、4 番、5 番は強打者 3 人から選び、9 番はピッチャーと決まっており、それ以外の打順が決まっていない。このとき、何通りの打順が考えられるか。

1　360通り
2　1440通り
3　2880通り
4　4320通り
5　8640通り

□□ 2 7 色の絵の具のうち 6 色を用いて下のような正方形を基本とした図形を塗るとき、何通りの塗り方があるか。ただし異なる枠に同じ色は用いず、回転して同じ塗り方になるものは 1 通りと数える。

1　1200通り
2　1260通り
3　1320通り
4　1380通り
5　1440通り

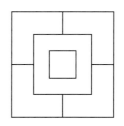

解答・解説

1 | 正解：**5**

1番、2番は、強打者3人、ピッチャー2人を除いた6人から2人選んで並べると考え、
$_6P_2 = 6 \times 5 = 30$通り

3番、4番、5番は、強打者3人の並べ方と考え、
$_3P_3 = 3 \times 2 \times 1 = 6$通り

6番、7番、8番は、11人から強打者3人、ピッチャー2人、1番2番を除いた4人から3人選んで並べると考え、
$_4P_3 = 4 \times 3 \times 2 = 24$通り

9番は、ピッチャー2人から1人選ぶので、
$_2C_1 = 2$通り

以上より、すべての場合の数は
$30 \times 6 \times 24 \times 2 = 8640$通り

2 | 正解：**2**

中心部分の2か所へ7色から2色選んで色を塗る場合の数は$_7P_2$。
外側の4か所へ残り5色から4色選んで塗る場合の数は、問いに「回転して同じ塗り方になるものは1通りとして数える」とあるので、円順列で考える必要がある。

通常の順列で計算すると、1つの並び方が4回数えられていることになる。よって外側は通常の順列で計算した場合の数を4で割ったもの。$_5P_4 \div 4$となる。

全体では $_7P_2 \times {}_5P_4 \div 4 = 7 \times 6 \times 5 \times 4 \times 3 \times 2 \div 4 = 1260$
塗り方は1260通りある。

9 場合の数（組み合わせ）

1 10人の学生が所属するサークルが学園祭に出店することにした。出店は係を分けて運営することとなり調達係5名、調理係3名、販売係2名に分けることになった。この係分けは何通り考えられるか。

1 252通り

2 504通り

3 1260通り

4 2520通り

5 5040通り

2 8個のキャラメルをA、B、Cの3人で分けるとき、その分け方は何通りあるか。ただし、3人とも1個以上受け取るものとする。

1 15通り

2 18通り

3 21通り

4 24通り

5 27通り

解答・解説

1 正解：4

10人から調達係5名の選び方

$$_{10}C_5 = \frac{10 \times 9 \times 8 \times 7 \times 6}{5 \times 4 \times 3 \times 2 \times 1} = 252$$

残り5人から調理係3名の選び方

$$_5C_3 = \frac{(5 \times 4 \times 3)}{3 \times 2 \times 1} = 10$$

残り2人が販売係2名になるので1通り。
以上より、すべての場合の数は、
$252 \times 10 \times 1 = 2520$通り

2 正解：3

3人とも1個以上受け取るという条件より、キャラメルが0の場合を含まないパターンだということがわかる。
本問に仕切りの考え方を適用すると、キャラメル（□）の間の7つのスペースのうち2つに、AとBを分ける仕切り、BとCを分ける仕切りの2つの仕切り（┊）が入る場合の数と考えればよいので、

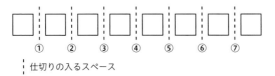

$_7C_2 = 21$通り

10 確率

1 ある日の天気は晴れだった。晴れの日の翌日が晴れる確率は80%、雨の日の翌日が晴れる確率は30%であるとき、明後日が雨となる確率を求めよ。ただし、天気は晴れか雨のどちらかに分類されるものとする。

1 14%

2 16%

3 20%

4 30%

5 34%

2 A〜Eの5人がいる。この5人を無作為に1列に並べたとき、BとDが両端に位置する確率を求めよ。

1 $\dfrac{1}{10}$

2 $\dfrac{1}{11}$

3 $\dfrac{1}{12}$

4 $\dfrac{1}{13}$

5 $\dfrac{1}{14}$

1 正解：**4**

晴れの日の翌日が雨の確率は
100% − 80% = 20%

雨の日の翌日が雨の確率は
100% − 30% = 70%

晴れ→晴れ→雨の確率は
0.8 × 0.2 = 0.16（16%）

晴れ→雨→雨の確率は
0.2 × 0.7 = 0.14（14%）

よって、明後日が雨の確率は
0.16 + 0.14 = 0.3（30%）

2 正解：**1**

A〜Eの5人を無差別に並べた場合、すべての場合の数は
5! = 5 × 4 × 3 × 2 × 1 = 120（通り）。

このうちBとDが両端に位置する場合の数は、
両端を除くA、C、Eの3人の並べ方が
3! = 3 × 2 × 1 = 6（通り）であり、
この6通りそれぞれについて両端に位置するBとDの位置が
2通り考えられるので、6 × 2 = 12通り。

以上より、求める確率は $\dfrac{12}{120} = \dfrac{1}{10}$ である。

11 平面図形①

□□1 次の図のように直角三角形ＡＢＣを、頂点Ｂを中心として矢印の方向に回転させ、頂点Ｃが辺ＡＢの延長線上にきたところで止めた。このとき、斜線部分の面積はどれか。ただし円周率π＝3.14とし、小数点第二位を四捨五入するものとする。

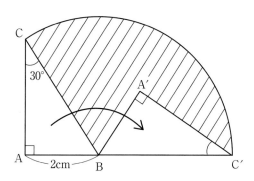

1 9.3cm^2

2 10.3cm^2

3 11.3cm^2

4 12.3cm^2

5 13.3cm^2

1 | 正解：5

求める面積は扇形BCC'から三角形A'BC'の面積を引いたものである。
三角形A'BC'は30°、60°、90°の直角三角形で、A'B=2cmであること
から、A'C'=$2\sqrt{3}$cm、BC'=4cm。
扇形BCC'は中心角120°、半径4cmである。

$$4 \times 4 \times 3.14 \times \frac{120}{360} - 2 \times 2\sqrt{3} \times \frac{1}{2} = 13.282\cdots$$

$(\sqrt{3} \fallingdotseq 1.732)$

求める面積は約13.3cm²である。

数的推理

判断推理

資料解釈

平面図形①

12 平面図形②

1 次の図で∠ABC = ∠AED = ∠90° DE = BEである。このとき、∠DACの大きさを求めよ。

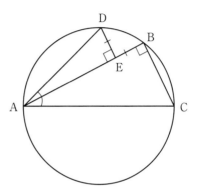

- **1** 30°
- **2** 36°
- **3** 45°
- **4** 50°
- **5** 60°

1 正解：**3**

DBを直線で結ぶと、△DEBは、∠DEB＝90°DE＝BEより二等辺直角三角形となるため∠EBD＝45°とわかる。

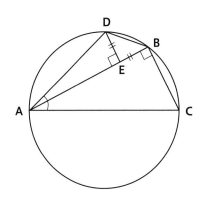

∠CBD＝∠ABC＋∠EBD＝90°＋45°＝135°

円に内接する四角形ADBCにおいて、その対角の和は180°なので、
∠DAC＋∠CBD＝180°
∠DAC＝180°－135°
∠DAC＝45°

13 立体図形

□□ **1** 下の図を、直線Mを軸に回転させたときの体積はいくらか。

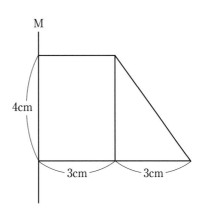

1 $72\pi\,\mathrm{cm}^3$

2 $78\pi\,\mathrm{cm}^3$

3 $84\pi\,\mathrm{cm}^3$

4 $94\pi\,\mathrm{cm}^3$

5 $98\pi\,\mathrm{cm}^3$

解答・解説

1 | 正解：**3**

回転した結果の図形は以下のようになる。
この立体は半径6cm、高さ8cmの円錐から、半径3cm、高さ4cmの円錐を除いたものである。

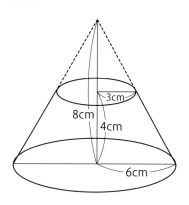

求める体積は

$$6^2\pi \times 8 \times \frac{1}{3} - 3^2\pi \times 4 \times \frac{1}{3} = 84\pi$$

第 **5** 章

判断推理

1 論理と命題

□□**1** あるクラスの生徒について、次のア〜オのことがわかっているものとすると、論理的に正しく言えるものはどれか。

ア　柔道が得意な生徒は、チェスが得意である。
イ　サッカーが得意でない生徒は、将棋が得意である。
ウ　水泳が得意な生徒は、野球が得意でない。
エ　チェスが得意な生徒は、水泳が得意でない。
オ　野球が得意でない生徒は、サッカーが得意でない。

1 サッカーが得意な生徒は、柔道が得意である。
2 チェスが得意でない生徒は、サッカーが得意である。
3 柔道が得意でない生徒は、水泳が得意である。
4 野球が得意な生徒は、チェスが得意でない。
5 将棋が得意でない生徒は、水泳が得意でない。

解答・解説

1 | 正解：**5**

命題を記号化する。否定形と肯定形が混在するため対偶もとっておく。

ア　柔→チ＝$\overline{チ}$→$\overline{柔}$

イ　$\overline{サ}$→将＝$\overline{将}$→サ

ウ　水→$\overline{野}$＝野→$\overline{水}$

エ　チ→$\overline{水}$＝水→$\overline{チ}$

オ　$\overline{野}$→$\overline{サ}$＝サ→野

これをまとめ図にすると、
アの対偶、イの命題、ウの命題、エの対偶、オの命題より、

〈まとめ図1〉

アの命題、イの対偶、ウの対偶、エの命題、オの対偶より、

〈まとめ図2〉

以上より選択肢を検討すると、正解は5となる。

2 集合

1 43人の生徒がいるクラスがある。『羅生門』と『三四郎』と『雪国』を読むテストをしたところ、『羅生門』と『三四郎』のどちらかだけ読めたのは13人、2つ以上読めたのが15人、全く読めなかったのは6人以下だった。『雪国』のみを読めた生徒は何人か。

1 3～9人
2 6～12人
3 7～15人
4 9～15人
5 15～21人

解答・解説

1 | 正解：**4**

条件をベン図に整理する。

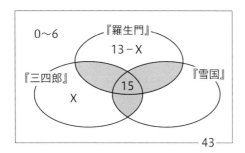

1つも読めなかったか、または『雪国』のみ読めた生徒は
43－13－15＝15人

1つも読めなかった生徒は0～6人であるから、『雪国』のみ読めた生徒は9～15人。

3 暗号

1 ある暗号で「おきなわ」が「Ae　Bb　Ea　Ja」と表されるとき、同じ暗号の法則で「ひろしま」を表したものはどれか。

1 「Bc　Ga　Ge　De」
2 「Fb　Ie　Cb　Ga」
3 「Ca　Ab　Da　Ga」
4 「Ge　Ib　Ae　Ba」
5 「Fc　Bc　Cb　Ga」

1 | 正解：2

大文字はA～J、小文字はa～eあるので、大文字は子音、小文字は母音を表していると予想する。
50音表に
「おきなわ」→「A e　B b　E a　J a」
を当てはめると、次のようになる。

	A	B			E					J
a	あ	か	さ	た	な	は	ま	や	ら	わ
b	い	き	し	ち	に	ひ	み		り	
	う	く	す	つ	ぬ	ふ	む	ゆ	る	
	え	け	せ	て	ね	へ	め		れ	
e	お	こ	そ	と	の	ほ	も	よ	ろ	を

これをもとに他を予想すると、

	A	B	C	D	E	F	G	H	I	J
a	あ	か	さ	た	な	は	ま	や	ら	わ
b	い	き	し	ち	に	ひ	み		り	
c	う	く	す	つ	ぬ	ふ	む	ゆ	る	
d	え	け	せ	て	ね	へ	め		れ	
e	お	こ	そ	と	の	ほ	も	よ	ろ	を

この表から、「ひろしま」を変換すると、
「ひ」→「F b」、「ろ」→「I e」、「し」→「C b」、「ま」→「G a」
となり正解は2となる。

数的推理

判断推理

資料解釈

暗号

4 対応関係

□□ **1** A～Dの4人は、ドイツ人、フランス人、スペイン人、中国人のいずれかである。以下のことから確実に言えるのはどれか。

- Aはスペイン人でもフランス人でもない。
- Bは中国人である。
- Cはスペイン人ではない。
- Dはフランス人と友人である。

1 Cはドイツ人である。
2 Aはドイツ人ではない
3 Dはスペイン人である。
4 Cはフランス人ではない。
5 Dはドイツ人である。

1 | 正解：3

条件を対応表に記入する。注意点は「Dはフランス人と友人である」
ことからDはフランス人ではないということがわかる点である。

	ドイツ	フランス	スペイン	中国
A		×	×	×
B	×	×	×	○
C			×	×
D		×		×

①スペイン人の可能性はDしかない。D＝スペイン人
②フランス人の可能性はCしかない。C＝フランス人
③ドイツ人の可能性はAしかない。A＝ドイツ人

	ドイツ	フランス	スペイン	中国
A	③○	×	×	×
B	×	×	×	○
C	②×	②○	×	×
D	①×	×	①○	×

以上より選択肢を検討すると、正解は3となる。

5 順序・順位

□□**1** A〜Fの6人が、X地点からY地点の間で折り返しマラソンをしたところ、ア〜エのことがわかった。

ア　Bは最後にAとすれ違った。

イ　Dは最後にBとすれ違った。

ウ　Cは最初にFとすれ違った。

エ　Fは最初にEとすれ違った。

スタート直後すぐに順位が決まってしまい、同順位はなく、そのままの状態でゴールインしたとすれば、確実に言えるのは次のうちどれか。

1　Aは5位である。

2　Bは2位である。

3　Cは3位である。

4　Dは4位である。

5　Eは1位である。

解答・解説

1 | 正解：1

最後にすれ違うのは、6位と、順位が1つ前の（折り返した）5位。
条件を見ると、ア「Bは最後にAとすれ違った。」、イ「Dは最後にB
とすれ違った。」とある。
仮にBを5位以内とすると、Bと最後にすれ違ったAは6位となる。
その場合、Dも最後にすれ違うのはAとなるはずで、イと矛盾する。
よってBは6位。

Bは6位なので、ア「Bは最後にAとすれ違った。」より、6位のBが
最後にすれ違う相手は、5位。よってAは5位。

最初にすれ違うのは、2位と、（折り返した）1位。
条件を見ると、ウ「Cは最初にFとすれ違った。」、エ「Fは最初にE
とすれ違った」とある。
仮にCを1位とすると、Fが最初にすれ違うのはC。これはエと矛盾
する。Cは1位ではない。
1位ではないCが最初にすれ違うのは、（折り返した）1位。
ウから1位はF。
Fが1位なので、エからEは2位。
CとDは、3位か4位のどちらか、この条件からは確定できない。

6 リーグ戦 (総当たり戦)

□□1 A〜Eの5人がリーグ戦を行なった。1試合を残したところで結果が以下のようになっているとき、確実に言えるものはどれか。

- AとDは3勝をあげている。
- Bは1勝をあげている。
- Eは2勝をあげており、Bには負けた。

1 DがEに勝ったとすると、AはDに勝っている。

2 AがEに勝ったとすると、EはDに負けている。

3 DがBに負けているとすると、BとCは試合をしていない。

4 Dは試合をしていない。

5 Eは試合をしていない。

解答・解説

1 | 正解：1

5人のリーグ戦は全部で10試合であるから、現時点で9試合が終了したことになる。条件にあるABDEの勝ち数を合計すると9であるから、引き分けはなく、Cは1勝もあげていないことがわかる。

BがEに勝っていることから、Bは他の人には負けるか、または試合をしていないことになる。BはA、C、Dいずれかと試合をしているが、1勝しかしていないため、現時点では負けていることになる。
Cは1勝もあげていないため、もし、BがCと試合をしていた場合、BはCに勝利している必要があるが、それだとBが1勝しかしていないことと矛盾する。そのため、BはCと試合をしていないことになる。

その他の試合は終了しており、Cは1勝もあげていないことからCはB以外には負けており、BはAとDに負けている。

	A	B	C	D	E	
A		○	○			3勝
B	×		未	×	○	1勝
C	×	未		×	×	
D		○	○			3勝
E		×	○			2勝

表をもとにして選択肢の正誤を確かめる。

7 発言

1 A、B、Cの3人の青年がいる。嘘をつかない人は常に嘘をつかず、嘘をつく人は必ず嘘をつく。3人に質問をしたところ、以下のような返答があった。このとき確実に言えるのはどれか。

A「嘘をつかない人はこの中に1人しかいない」
B「いいえ、嘘をつかない人はこの中に2人います」
C「Aは嘘つきではありません」

1 全員嘘つきではない。
2 A、Bは嘘つきだが、Cは嘘つきではない。
3 Bは嘘つきだが、AとCは嘘つきではない。
4 AとCは嘘つきだが、Bは嘘つきではない。
5 全員嘘つきである。

1 | 正解：5

嘘つきの人数がわからない問いでは、嘘つきが複数いる可能性がある
ため、嘘つきが複数の問題として解く。A、B、Cそれぞれが真実を
述べている場合を仮定して考える。

①Aの発言が真実である場合
Bの発言も真実となるが、A、B2人の発言が真実となり、Aの発言
に矛盾する。よって誤り。

②Bの発言が真実である場合
B以外にもう1人嘘つきではない（真実を述べている）人間がいるは
ずである。Cの発言が真実であるとすればAの発言も真実となり、B
とAの発言が矛盾する。よって誤り。

③Cの発言が真実である場合
Aの発言が真実となるが、A、C2人の発言が真実となると、Aの発
言と矛盾する。よって誤り。

①、②、③よりA、B、Cが真実を述べていることはあり得ない。し
たがって3人とも嘘をついているということがわかる。

8 位置

□□ **1** A～Gの7名が部屋割りを行うことになった。部屋は図のような配置を取り、7名のうち2名が女性である。以下の条件があるとき、確実に言えるのはどれか。

```
□□□□    ↑北
廊下
□□□
```

ア：女性は角部屋であるが、向かい合っていない。
イ：Cの部屋の北側にDの部屋がある。
ウ：Aの部屋はFの部屋と女性の部屋の間である。
エ：Eの部屋の西隣は女性の部屋である。
オ：Fの部屋はBの部屋の南側である。

1　Bの東隣はEである。
2　Dは女性である。
3　Gの正面は女性である。
4　AとBは向かい合っている。
5　Fの西隣はAである。

1 正解：1

条件ウと条件オにFが登場している（この他に複数の条件に登場する者はいない）ので、組み合わせて考える。
以下の場合がある。

(1) B□□□
廊下
F A女

(2) □□B□
廊下
女A F

それぞれの場合について考える。
条件イより南側の女性はC、条件エと条件アよりEの西隣の女性は北側の列、一番西の端である。
これらを整理すると以下のようになるが、(2)の場合は女性が向かい合うことになるので不適。(1)の場合が当てはまり、正解は肢1である。

(1) B E D G
廊下
F A C　BとCが女性

(2) D E B G
廊下
C A F　CとDが女性

9 操作手順

1 12個の物体がある。これらは同じ形、大きさをしており、見た目では区別をつけられないが、1個だけ他と比べて軽いものが紛れ込んでいる。今、上皿天秤を使い、その重さの違う1個を見つけ出したい。上皿天秤を最低何回使えばよいか。ただし、偶然わかった場合は最低回数にしないものとする。

1 2回

2 3回

3 4回

4 5回

5 6回

2 10枚のコインがある。これを2人が交互に1〜4枚ずつ取り、最後の1枚を取った者が負けるというルールでゲームをしたとき、このゲームに関する記述として妥当なものを1つ選べ。

1 先手がまず2枚取れば、先手はかならず勝つことができる。

2 先手がまず3枚取れば、先手はかならず勝つことができる。

3 先手がまず4枚取れば、先手はかならず勝つことができる。

4 先手が最初に何枚取ったとしても、先手はかならず勝つことができる。

5 このゲームには、かならず勝つ方法はない。

1 正解：2

12個の物体を4個ずつ、A、B、C 3つのグループに分ける。
まず、AとBを上皿天秤に乗せ（1回目）、AとBが釣り合った場合、
Cに軽い物体が紛れていることになる。
Cをさらに2個ずつ2つのグループに分け、上皿天秤に乗せる（2回目）。
その後、軽い方のグループの2個の物体を上皿天秤に乗せる（3回目）と、どちらが軽いかが判明する。
また、AとBを上皿天秤に乗せたとき（1回目）に、釣り合わなかった場合、軽い方を2個ずつ2つのグループに分けて上皿天秤にのせ（2回目）、さらに軽い方を1個ずつに分けて上皿天秤に乗せる（3回目）ことで判明する。
よって、最低3回で見つけ出すことができる。

2 正解：3

このゲームは9枚目のコインを取った者が勝ちである。
そのため先手は、2ターン目で9枚目のコインを取れるかどうかを考える。
先手が1ターン目で1～3枚しか取らないと、後手が4枚目を取り、先手は8枚目までしか取れなくなってしまう。
つまり先手は、1ターン目で4枚取れば、かならず勝つことができる。

10 数量推理

□□1 4月13日が金曜日の年では、13日が金曜日となるのは何月か。ただし、その年は閏年ではないものとする。

1 5月
2 6月
3 7月
4 9月
5 11月

□□2 A、B、Cに、赤、青、黄のカードが配られた。以下のことがわかっているとき、確実に言えるものはどれか。

ア：1人につき合計8枚配られ、赤、青、黄それぞれの合計枚数は異なる。
イ：BとCに配られた赤の枚数は同じであり、赤は全部で10枚配られている。
ウ：AとCに配られた青の枚数は同じである。
エ：Aに配られた赤と黄の枚数は同じである。
オ：Bに配られた枚数は黄より青の方が多い。
カ：A、B、Cのうち、2人は3色配られ、1人は2色配られている。

1 Aに配られた青の枚数は1である。
2 Aに配られた赤の枚数は奇数である。
3 Bに配られた黄の枚数は1である。
4 Cに配られた黄の枚数は2である。
5 Cに配られた青の枚数はAに配られた青の枚数より多い。

解答・解説

1 正解：**3**

4月13日から各月の13日までの日数を求め、7で割り切れる日数を探す。
4月13日〜5月13日 　30日→7で割り切れない
4月13日〜6月13日 　61日→7で割り切れない
4月13日〜7月13日 　91日→7で割り切れる
よって、13日が4月と同じ曜日になるのは7月ということがわかる。
なお、9月と11月も考えると
4月13日〜9月13日 　153日→7で割り切れない
4月13日〜11月13日 　214日→7で割り切れない

2 正解：**3**

表に整理しながら考える。
条件イから、BとCに配られた赤の枚数をxとおくと、Aに配られた
赤の枚数は10−2xとなる。
条件エから、Aに配られた黄の枚数は10−2xとなるため、Aは赤青黄、
すべて偶数枚であることがわかる。よって、選択肢1と選択肢2は消
去できる。
また、条件ウと条件エから、Aには3色とも配られていることがわかる。
次に、xに1〜4を代入すると、条件に合うのがx＝4であることがわか
り、Aに配られたのは赤2枚、黄2枚、青4枚になる。そのため、Cに
配られた青は4枚となり、この時点でCは合計8枚になるため、Cに
は黄色が配られていないことがわかる。
以上から、選択肢4と選択肢5が消去され、選択肢3が残る。
なお、Bに配られた枚数について補足すると、この時点でBに3色と
も配られていることがわかり、青と黄の合計が4枚である。よって黄
が1枚であれば条件に合う。

	赤	青	黄	合計
A	10−2x（2枚）	y（4枚）	10-2x（2枚）	8
B	x（4枚）	青＞黄（3枚）	（1枚）	8
C	x（4枚）	y（4枚）	（0枚）	8
合計	10枚	11枚	3枚	24

（　）は枚数

11 一筆書き

□□ **1** 次の図形を一筆書きで書くとすると、次のうちどの点から書き始める必要があるか。

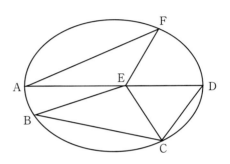

1 A

2 B

3 C

4 D

5 一筆書きでは書けない

解答・解説

1 正解：**3**

一筆書きできる図形は奇点の数が0か2の図形である。

与えられた図はCとE 2つの奇点を持つので、一筆書きで書くことができる。

奇点は1本の線の始点または終点であり、偶点は線の通過点であると考えられるので、奇点が2つある図形を一筆書きで書く場合には奇点から書き始めて、別の奇点で書き終わる必要がある。

したがって書き始めるのは点Cとなる。

12 軌跡

1 ある図形を、直線上を滑ることなく回転させたとき、頂点Pが図のような軌跡を描いた。このような軌跡を描く頂点Pを含む図形は次のうちどれか。

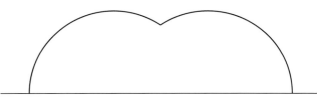

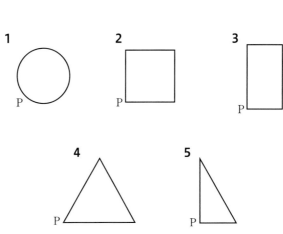

1

2

3

4

5

1 ｜ 正解：4

弧を描いていることから肢1は不適。さらに、すべての弧の半径が等しいことから肢3と肢5も不適。残る肢2と肢4は実際に作図することで比較できる。

〈肢2〉

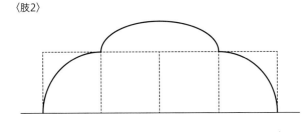

〈肢4〉

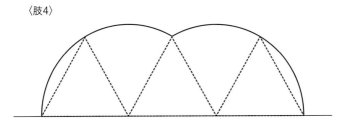

13 裁ち合わせ

□□1 図のA〜Eの5枚の図形の中から4枚を選び、上の図形
と重ねることなく、裏返さずに並べると長方形を作るこ
とができる。このとき、5枚の図形の中で不要なものは
次のうちどれか。ただし、図形を回転して並べ合わせる
ことは許されるものとする。

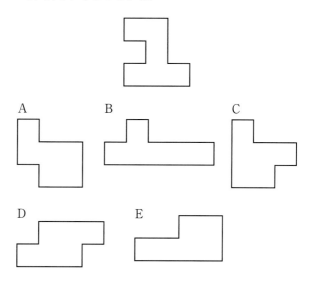

1 A
2 B
3 C
4 D
5 E

1 | 正解：**4**

試行錯誤法で次のような長方形（正方形）を導きだすことができる。

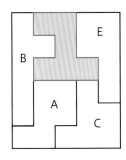

不要な図形はＤである。

14 平面分割

□□ **1** 下図は、円内に、互いにすべて交わる3本の線を引いて7つの部分に分かれる状態を示したものである。

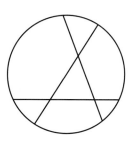

同じように、円内に互いにすべてが交わる7本の線を引くと、いくつの部分に分かれるか。
ただし、1点において2線しか交わらないものとする。

1 16
2 22
3 26
4 27
5 29

解答・解説

1 | 正解：5

すべての線が交わるように線を引くことを「最大分割」といい、線と交点と平面の数の間には「**線+交点+1 = 平面の数**」という関係が成り立つ。

ちなみに、交点の数は「すべての線から2本を選ぶ選び方」と考え、$_nC_2$ で求めることができる。

例えば、線が0本のとき、交点は0個だが、平面はすでに1つある（0+0+1=1）。

これに線を1本加えると、交点は0個だが、もともとの平面の数が1なので、1+0+1で平面の数は2となる。これは「線を引いて増えた平面1つ＋最初からあった平面1つ」と考えることができる。

同様に2本目の線を引くと、交点は1個。平面の数は2+1+1=4となる。
3本目の線を引くと、交点は3個。平面の数は3+3+1=7
4本目の線を引くと、交点は6個。平面の数は4+6+1=11

以上を表にすると、下記のとおり。

線の数	0	1	2	3	4	5	6	7	…
交点	0	0	1	3	6	10	15	21	…
平面の数	1	2	4	7	11	16	22	29	…

15 展開図

□□1 次の図は正十二面体の展開図である。この展開図を組み立てたとき、丸印をつけた面と平行になる面はどれか。

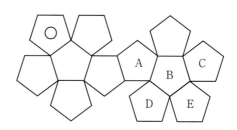

1 A
2 B
3 C
4 D
5 E

解答・解説

1 正解：**4**

正十二面体の展開図を「アの面を中心とした6つの面の集まり」と「イの面を中心とした6つの面の集まり」に分け、以下のように整理する。

〈図1〉

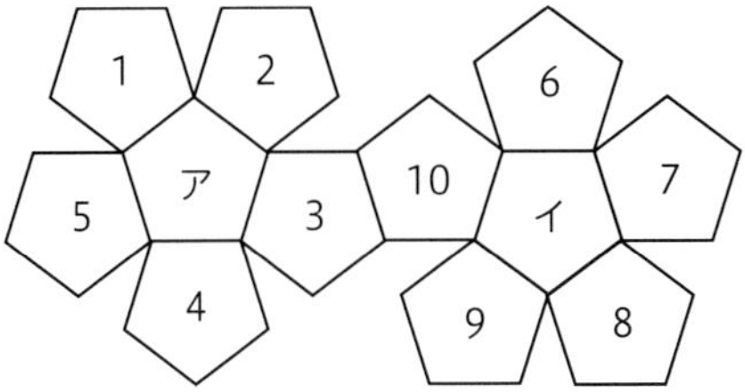

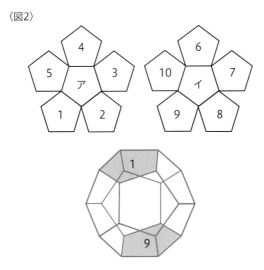

アの面と平行になるのは、イの面になるため、〈図2〉のように「アの面の集まり」を「イの面の集まり」の形に合わせると、1の面と平行になるのは9の面になる。よって丸印をつけた面と平行になるのは面Dである。

〈図2〉

16 サイコロ

1 下図のサイコロ同士が接している面の数字の和はいくつか。

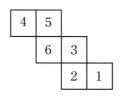 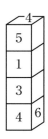

1 16
2 18
3 20
4 22
5 24

1 正解：**4**

（1）上から1番目のサイコロ
一番上のサイコロの下面は4の対面であるから3。

（2）上から2番目と3番目のサイコロ
上から2番目と3番目のサイコロの上の面と下の面は対面であるから7。

（3）上から4番目のサイコロ
一番下のサイコロの上面は4の面の右側に6の面を見たときに4の面の上にあるので5である。

以上より接している面の合計は3＋7＋7＋5＝22となり正解は4。

17 立体図形

1 図のように、小さな立方体64個で作った大きな立方体の3面にいくつかの黒点をつけた。その黒点から、その面に垂直に穴をあけ貫通させたとき、穴が2本貫通している小さな立方体はいくつあるか。

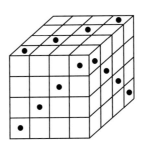

1 6個
2 8個
3 10個
4 12個
5 14個

解答・解説

1 正解：**4**

上から①段目、②段目、③段目、④段目とし、串刺しされている小立方体に×をつける。ただし、問題で2か所穴があいている個数を聞かれているので、×は省略せず貫通するたびにつける。

以上より、穴が2本貫通している小立方体は、
3 + 3 + 3 + 3 = 12個

第 **6** 章

資料解釈

1 表の読み取り

□□ **1** 下の表は、A国、B国、C国、D国、E国の5カ国間の貿易において、自国以外の4カ国への輸出額の総輸出額に対する割合と、総輸出額を表したものである。これらから言えることとして正しいのはどれか。

	A	B	C	D	E	総輸出額〔億ドル〕
A		45%	22.5%	12.5%	20%	106
B	41.8%		8.2%	29%	21%	151
C	18%	14.4%		31.2%	36.4%	76
D	10.5%	25%	38.2%		26.3%	89
E	26%	19.2%	20.8%	34%		66

1 2国間の貿易額（輸出＋輸入）が最も大きいのはB国とC国の2カ国である。

2 D国への輸出額が最も大きいのはC国である。

3 A国のC国からの輸入額は、B国のD国からの輸入額よりも小さい。

4 輸入額が最も少ないのはE国である。

5 B国からの輸入額が最も小さいのはE国である。

解答・解説

1 | 正解：3

表で表されているのは、輸出額の総輸出額に対する割合であり、「総輸出額×割合」でそれぞれの国への輸出額がわかる。

1 × A国からB国への輸出額はB国のA国からの輸入額であることに注意すると、A国−B国間の貿易額は、概算で100×0.45＋150×0.4＝105［億ドル］であるが、B国−C国間は概算で150×0.08＋80×0.15＝24［億ドル］である。よって、B国−C国間よりもA国−B国間の方が多く、本肢は正解ではないことがわかる。

2 × 総輸出額が多いB国が最大であるため、本肢は間違いである。参考までに、B国：151×0.29＝43.79、C国：76×0.312＝23.712、E国：66×0.34＝22.44となる。

3 ○ A国のC国からの輸入額はC国のA国への輸出額に等しいので、76×0.18≒13.7［億ドル］となり、同様にして、B国のD国からの輸入額は89×0.25≒22.3［億ドル］である。よって、A国のC国からの輸入額は、B国のD国からの輸入額よりも小さく、本肢が正解であることがわかる。

4 × 概算すると、E国は100×0.2＋150×0.2＋80×0.36＋90×0.26≒102［億ドル］であるが、C国は100×0.23＋150×0.08＋90×0.4＋70×0.2＝85［億ドル］である。概算であることを考慮しても、C国の方がE国よりも少ないことがわかるので、本肢は正解ではないことがわかる。

5 × B国の輸出額の割合を見ると、C国は8.2％であるがE国は21％であることがわかる。よって、B国からの輸入額はE国よりもC国の方が少なく、本肢は正解ではないことがわかる。

2 グラフの読み取り

□□**1** 下の2つの図は、ある高校のあるクラスの修学旅行の行き先希望調査の結果（図1は全体、図2は男のみ）である。図から確実に言えるものはどれか。

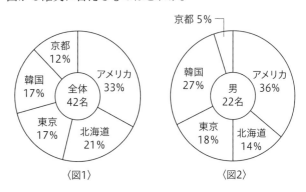

〈図1〉　　　〈図2〉

1 行き先として東京を希望した人数は、男も女も同じである。

2 女で行き先としてアメリカを希望した人数は、男でアメリカを希望した人数の2倍である。

3 女で行き先として京都を希望した人の割合は、男で京都を希望した人の割合の3倍である。

4 行き先として北海道を希望した人の60%以上は女である。

5 女で行き先として韓国を希望した人は1人もいなかった。

解答・解説

1 | 正解：4

1 ✕ 　全体で行き先として東京を希望した人数は、42×0.17≒7人となる。よって、奇数となるため男と女で希望した人数が同じになることはありえない。

2 ✕ 　全体で行き先としてアメリカを希望した人数は、42×0.33≒14人である。また、男でアメリカを希望した人数は、22×0.36≒8人で、女でアメリカを希望した人数は男でアメリカを希望した人数の2倍より少ない。

3 ✕ 　全体で行き先として京都を希望した人数は、42×0.12≒5人である。また、男で京都を希望した人数は、22×0.05≒1人である。よって、女で京都を希望した人数は4人。また女は全体で20人だからその割合は20％である。したがって、女で行き先として京都を希望した人の割合は男で京都を希望した人の割合（5％）の3倍ではなく約4倍となる。

4 ○ 　全体で行き先として北海道を希望した人数は、42×0.21≒9人である。また男で北海道を希望した人数は、22×0.14≒3人である。よって、女で北海道を希望した人数は6人で、これは全体で北海道を希望した人の67％である。

5 ✕ 　全体で行き先として韓国を希望した人数は、42×0.17≒7人である。また、男で韓国を希望した人数は、22×0.27≒6人である。よって、女で韓国を希望した人数は1人である。

3 資料解釈①

□□ **1** 下のグラフは、ある自動車販売店の各月の売り上げに占めるA〜D車・その他の占める割合の推移を表したものである。これらから言えることとして正しいのはどれか。

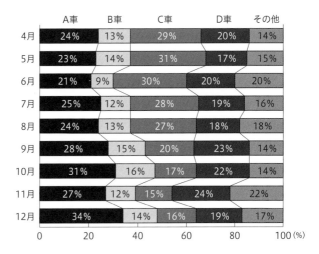

	A車	B車	C車	D車	その他
4月	24%	13%	29%	20%	14%
5月	23%	14%	31%	17%	15%
6月	21%	9%	30%	20%	20%
7月	25%	12%	28%	19%	16%
8月	24%	13%	27%	18%	18%
9月	28%	15%	20%	23%	14%
10月	31%	16%	17%	22%	14%
11月	27%	12%	15%	24%	22%
12月	34%	14%	16%	19%	17%

1 どの月も売り上げの半分以上を2つの車種が担っている。

2 B車の売り上げはどの月もD車の売り上げの半分以下である。

3 A車の売り上げが最も多いのは12月である。

4 C車の売り上げは5月以降11月まで毎月減少している。

5 その他の売り上げがB車の売り上げを下回ったことはない。

解答・解説

1 | 正解：1

1 ○ 　任意の2つの車種の売り上げの全体に占める割合が50％を超えていれば、その月は売り上げの半分以上を2つの車種が担っていると言える。各月を見ていくと、4月～8月、12月はA車とC車、9月～12月はA車とD車の割合の和が50％を超えていることがわかる。よって、本肢が正解である。

2 × 　割合の比較で判断できる。例えば4月の全体に占めるB車の売り上げの割合は13％であり、D車の割合は20％である。よって、4月はB車の売り上げはD車の半分以上であり、本肢は正解ではない。

3 × 　グラフからわかるのは各月の売り上げに占める各車の割合であるので、A車の売り上げの具体的な金額はわからず、異なる月で比較することはできない。よって本肢は正解ではない。

4 × 　各月の全体の売り上げがわからないので、C車の売り上げが減少しているかどうかはわからない。よって、本肢は正解ではない。

5 × 　9月と10月はその他の割合がB車の割合を下回っている。よって、9月と10月はその他の売り上げはB車の売り上げを下回っている。本肢は正解ではない。

4 資料解釈②

□□ **1** 図1は1人暮らしをしている5人の学生A〜Eの、ある月の総収入の内訳（仕送り、アルバイト収入、奨学金）を表している。表2は、5人の学生の家賃の金額と、それがこの月の総収入に占める割合を表したものである。これらから言えることとして正しいのはどれか。

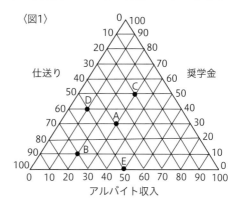

〈図1〉

〈表2〉

	A	B	C	D	E
家賃 [万円]	9	6	7.7	7.2	5.4
総収入に占める割合 [%]	45	50	55	40	45

1 この月の総収入が最も少ないのはCである。

2 この月の奨学金の金額が最も多いのはCである。

3 この月の仕送りの金額が最も多いのはBである。

4 この月のアルバイト収入が最も少ないのはAである。

5 この月にアルバイト収入だけで家賃を払うことができるのはEだけである。

解答・解説

1 | 正解：5

5人の値をまとめると以下の表のようになる。

	A	B	C	D	E
家賃［万円］	9	6	7.7	7.2	5.4
総収入に占める割合［%］	45	50	55	40	45
収入	20	12	14	18	12
奨学金	6	1.2	7	7.2	0
仕送り	8	8.4	2.8	9	6
アルバイト収入	6	2.4	4.2	1.8	6

1 × 総収入が最も少ないのはBとEであるので、本肢は正解ではない。

2 × 奨学金の金額が最も多いのはDであり、本肢は正解ではないことがわかる。

3 × 仕送りの金額が最も多いのはDであり、本肢は正解ではないことがわかる。

4 × アルバイト収入が最も少ないのはDであり、本肢は正解ではないことがわかる。

5 ○ EだけがアルバイトーＩＩ収入が家賃を上回っている。本選択肢が正解であることがわかる。

「キャリサポ」が選ばれる理由

キャリサポは、大教室で授業を行うのではなく、一人一人の受講生と向き合い、それぞれの個性に合った合格戦略を提供するために設立した公務員試験専門の予備校です。

1 高い合格・内定率

公務員を熟知したスタッフが、受講生の個性に合わせた戦略を提案し、合格まで一緒にサポート。さらに筆記試験対策はもちろん、充実した面接練習や試験直前対策により高い最終合格率を達成しています。

2 幅広いコースを設置

模擬面接を回数無制限で行える合格保証フルオーダーコースを始めとした3つの通学コースだけでなく、数多くのオンラインコースを設置。受講生一人一人に最適な講座を受講していただけます。

3 徹底したスケジュール管理

勉強を開始する段階で、現在の学力から合格までを逆算した年間カリキュラムを一人ひとり個別で作成します。さらに、最も手厚いコースでは講師と1週間単位の日割り計画を設定し、確認テストを実施。

設置コース

［通学コース］
- 合格保証 フルオーダーコース
- 徹底支援 セミオーダーコース
- 独力支援 カスタムオーダーコース

［オンラインコース］
- スタンダードコース
- 国家総合職コース
- 技術職コース　　　　など

対策内容

- ☑ 教養・専門択一問題
- ☑ 教養論文問題
- ☑ 専門記述問題
- ☑ 個人・集団面接

キャリサポ
〒263-0022 千葉県千葉市稲毛区弥生町4-37
JR西千葉駅下車　徒歩5分 千葉大学正門前

TEL
043-207-2828
新規生徒募集中

\HPはこちら!/

著者

公務員試験専門予備校キャリサポ

こうむいんしけんせんもんよびこうきゃりさぽ

大教室で行われるマスプロ授業ではなく、一人ひとりの受講生と向き合うことを原点と考え、受講生の個性に合った合格ソリューションを提供するために設立された公務員試験専門の予備校。前身団体のCSS公務員セミナーにおいては、国家総合職から地方公務員、福祉職、警察官・消防官まで、約15年にわたり多くの卒業生を輩出し、彼らが全国で活躍している。

【キャリサポ千葉大学前本校】
〒263-0022千葉県千葉市稲毛区弥生町4-37
TEL：043-207-2828 https://caresupo.jp/

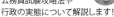

現役講師の川井太郎が
公務員試験攻略法や
行政の実態について解説します！

イッキに攻略！
公務員教養試験＆時事【一問一答】

著　者　公務員試験専門予備校キャリサポ
発行者　高橋秀雄
発行所　株式会社 高橋書店
　　　　〒170-6014
　　　　東京都豊島区東池袋3-1-1 サンシャイン60 14階
　　　　電話　03-5957-7103

©CARESUPO　Printed in Japan

本書の内容についてのご質問は「書名、質問事項（ページ、内容）、お客様のご連絡先」を明記のうえ、郵送、FAX、ホームページお問い合わせフォームから小社へお送りください。
回答にはお時間をいただく場合がございます。また、電話によるお問い合わせ、本書の内容を超えたご質問にはお答えできませんので、ご了承ください。
本書に関する正誤等の情報は、小社ホームページもご参照ください。

【内容についての問い合わせ先】

　書　面　〒170-6014　東京都豊島区東池袋3-1-1
　　　　　　　　　　　サンシャイン60 14階　高橋書店編集部
　FAX　03-5957-7079
　メール　小社ホームページお問い合わせフォームから
　　　　　（https://www.takahashishoten.co.jp/）

【不良品についての問い合わせ先】

　ページの順序間違い・抜けなど物理的欠陥がございましたら、電話03-5957-7076へお問い合わせください。ただし、古書店等で購入・入手された商品の交換には一切応じられません。